学生游戏娱乐安全知识

张俊红　　赵欣雅/编

新疆美术摄影出版社

图书在版编目(CIP)数据

学生游戏娱乐安全知识/张俊红编.—乌鲁木齐:新疆美术摄影出版社,
2012.5

(学生安全防范丛书)

ISBN 978−7−5469−2371−0

Ⅰ.①学… Ⅱ.①张… Ⅲ.①文娱性体育活动−安全教育−青年读物 ②文
娱性体育活动−安全教育−少年读物 Ⅳ.①G89−49

中国版本图书馆 CIP 数据核字(2012)第 087054 号

学生安全防范丛书

学生游戏娱乐安全知识

编 者	张俊红　赵欣雅	
责 编	黎京航	
出版发行	新疆美术摄影出版社	
	(乌鲁木齐市经济技术开发区科技园路 5 号　830026)	
总 经 销	新华书店	
印 刷	三河市燕春印务有限公司	
开 本	787mm×1 092mm　1/16	
印 张	10	
字 数	100 千字	
版 次	2012 年 5 月第 1 版	
印 次	2017 年 1 月第 2 次印刷	
书 号	ISBN 978−7−5469−2371−0	
定 价	29.80 元	

青少年"理智追星 健康追星"签名活动

目 录

目 录 CONTENTS

3

第一章 学生游戏安全知识

现在的电子游戏内容丰富，充满惊险和刺激，成了许多中小学生消遣的工具，也成为同学间请客的一种方式，并且有的游戏厅还开设赌局。因此，中小学生们一沾上手便管不住自己。

游戏时怎样避免发生意外伤害

1.不玩暴力或危险性游戏。暴力和危险性游戏包括：手持木棍互相打斗；互相用石子、木棍等物投射；用铁锹等锐器在同学面前挥动打闹；攀爬桅杆、树木、烟囱等物；点燃废纸、树枝玩火；在公路上骑着自行车相互玩车、赛车或扒乘货车、列车等。

2.捉迷藏不要躲到汽车底下。你一心想着不让同伴找到这个最秘密的地方，但是这样做是十分危险的。因为当你躲在汽车底下时，司机不可能看到你，一旦汽车发动，就会出现意想不到的恶果。

3.不要到废弃的枯井和建筑物里做游戏。长时间废弃的枯井，井底会有许多废弃物如破损的玻璃、木棍及钉子等。同学若下到井底，看不清这些东西，很容易被扎伤、划伤。废弃的枯井里常常二氧化碳过多，人在井中会因缺氧发生窒息。另外，因为井深、井底活动的余地小，万一出现意外，呼救也不容易被周围的人们听到。废弃的建筑物如楼房等因长年失修，随时都有倒塌的危险。所以，同学们千万不要因为好奇到这些危险的场所玩耍。

4.不要进入建筑工地。建筑工地的东西很多，如钢筋、椽木、砖瓦、沙土等，还有施工中暂留的大坑、水泥地，以及高高耸立的塔吊、升降机等。同学们进入建筑工地，非常容易发生碰伤、砸伤、电伤、扎伤等伤害，甚至会出现死亡事故。

5.不要攀爬收割机、脱粒机等农业机械。三夏大忙季节各种农业机械会暂时停放在场院或公路两旁。即使农闲时，也有一些待检修的机械停放在同学们过往的道路上，这些农业机械都有用来收割、脱粒或播种的锋利的刀具。如果同学们在这些农业机械上上下下登攀、玩耍，万一失手，就可能摔在那些锋利的刀具或

铁器上，后果是不堪设想的。

孩子做游戏时发生矛盾的处理

如果你的孩子自己下楼玩，一会儿带着哭腔回到家对你说："我以后再也不和××玩了，他老是和我闹别扭，不听我的！"

面对这样的告状，你该如何回答？

回答1："什么？总是闹别扭！那个孩子在哪儿呢？我们找他算账去！"

回答2："这不是欺负人吗？以后不要和他玩了，躲开他，找别人玩。"

回答3："你先别哭，说说你们玩什么了？你们之间有什么矛盾？你做了什么？"

你的回答代表你教孩子处理问题的方式。三种教育方式会产生三种不同的结果。第一种方式，孩子知道了"我不能受欺负，受了欺负要学会算账"，久而久之孩子会成为"不吃亏"的人；第二种方式，孩子学到了遇到事情就避让，不会想办法解决问题，长此以往会形成懦弱的性格；第三种方式，孩子则学到了发生矛盾要分析原因，寻找解决办法。

矛盾有时是自己孩子造成的，有时是其他孩子造成的；可能是自己的孩子不讲理，也可能是其他的孩子不讲理，更有可能是孩子们之间的误会。家长在处理孩子们之间发生的矛盾之前，先要查清事实。孩子所说的话未必是真实的事件回放。孩子的话不能不信，但也不能全信，因为孩子在遇到和切身利益有关的事情时会有所保留地回答大人的问题。这就是为什么同一件事情从不同孩子嘴里说出来会有不同的版本。所以，家长要在了解了真实的情况后，再考虑如何解决矛盾。

1.教孩子分析矛盾的起因

面对孩子和同学玩不到一起的事实，家长不要急于下定论，孰是孰非要等弄清楚事情的来龙去脉再判断。家长知道自己的孩子做了什么，别的孩子做了什么之后，再帮孩子分析：有没有可能是你的一些做法让你的小伙伴不高兴了，才会出现这种结果；若问题出现在你的身上，你要改正。渐渐地，孩子就能自己分析问题，从自己身上找原因了。

家长若发现孩子自己犯了错误，却说别人不对的时候，先别生气地责骂孩子，要静下心来想想，为什么孩子没有认识到自己的问题。有些孩子，家长简单地告诉他"你错了"，他一定不服气。家长此时需要讲一个小故事，做一些比喻，帮孩子认识到他的错误。再有，家长可以给孩子讲一些做人的原则，告诉孩子，要敢作敢当，勇于承担后果，犯了错误勇于面对才是好孩子。孩子学会分析问题和勇于面对问题之后，会变得坦荡开朗很多。

2. 让孩子学习谦让和宽容

孩子在玩的过程中，一定会有分歧，能够把一个游戏进行到底，一定会有很多的妥协和谦让。现在的孩子基本都是独生子女，从一出生他们就习惯了"独占"，不知道什么叫分享，也没有必要学习谦让。这就需要家长在平时多给孩子讲解谦让的重要性，并让孩子在生活中学着谦让爷爷、奶奶等家人。孩子学会了谦让，以后在和朋友游戏的过程中，谦让的品德也就自然而然地流露出来了，从而能够避免许多游戏中的矛盾。

在游戏中，总会有人指挥，有人听从。而很多孩子都想指挥，不想当"小兵"，矛盾就凸显出来了。家长知道孩子为此而常常与伙伴闹矛盾的话，可以给孩子出主意，比如让孩子建议伙伴们轮流当指挥；提醒孩子，当"小兵"的时候不给指挥捣乱，自己当指挥的时候别人才不会捣乱，这叫相互尊重；如果遇到总想当指挥的小朋友，也不要闹矛盾，可以选择不与他玩。

不宽容、挑剔也是孩子们交往的大忌。家长若发现自己的孩子有这样的问题，一定要给予重视，告诉孩子要相互宽容，不要

总是批评别人，因为谁挨批评都不高兴，就容易引发矛盾，不如悄悄地或者事后提醒朋友，大家才不会伤和气。

3.得罪朋友后，要会补救

朋友间的矛盾本是可以化解的，但是若双方都碍于面子谁也不肯先低头，最后会导致一段友谊的结束。这种结果是令人遗憾和惋惜的。若孩子从小就学会和朋友闹矛盾后进行补救，则能获得更多的友谊。

如何进行补救呢？家长可以教孩子一些方法：

（1）与同学闹矛盾后，再见面时主动和同学打招呼，就当矛盾没有发生过。

（2）无论谁对谁错，自己先向朋友道歉，表示真诚和友好。

（3）错误在自己的身上，又不好意思说出口，可以给朋友写一张纸条，表达自己的歉意。

防止"电子海洛因"对孩子的毒害

科技时代的高技术产品把天下事都送入了小小家庭，儿童从小就开始接触新生代的高科技产品。在这股家庭现代化、电气化的大潮中，最具特色的莫过于电子游戏机。"游戏"二字摆明了是给小孩子或那些童心未泯的大人们准备的，然而，这稀罕玩意儿却比录像机、洗衣机、音箱等其他专供大人消费的产品复杂得多、先进得多——居然能把电讯号组合到连小孩子都能领会，都能操作的程度。就像日本青年被称为"玩游戏机长大的一代"那样，游戏机也已成为今日我国儿童的大玩具。当然，从游戏机生产厂家、推销商的角度来说，游戏机无论如何都是一样好东西。中国众多的人口有着令任何有头脑的生意人欢喜雀跃的市场潜能，而生活水平的迅速提高又是将儿童消费炒热的心理和物质保障。

现在的电子游戏内容丰富，充满惊险和刺激，成了许多中小学生消遣的工具，也成为同学间请客的一种方式，并且有的游戏厅还开设赌局。因此，中小学生们一沾上手便管不住自己。

1. 电子游戏给孩子带来什么

大量事实告诉我们，长期迷恋电子游戏机的学生，上课渐感注意力不集中，从而导致成绩下降。由于长时间沉溺于游戏机房，导致生活节奏紊乱，视力下降。尤其突出的是对电子游戏成瘾，一旦他们停止电子游戏活动，便难以从事其他有意义的事情，情绪低落，思维迟缓，记忆减退，食欲不振，出现难以摆脱的渴望玩游戏机的冲动，形成精神依赖和相应的生理反应。恢复操作电子游戏后，精神状态便恢复正常。这些行为特征与毒品成瘾行为有着许多相似之处，是一种心理病理行为。因此，有人称之为"电子海洛因"。

电子游戏成瘾还会使成瘾青少年的人格发生明显改变，变得自私、怯懦、自卑，失去朋友和家人的信任。因玩电子游戏造成家庭经济负担时，他们不仅难以改邪归正，而且就像毒品依赖者寻求药品的行为一样，可以不择手段，用掉自己的学费、生活费，甚至欺骗父母索取钱财。

2. 孩子为何会迷恋电子游戏

从心理学上来讲，电子游戏特有的行为强化机制，可使成瘾行为不断强化。如操作电子游戏时，可在斗智斗勇中战胜对手，得到某种奖励等，这使操作者产生一种精神上的成功感。这些强化作用使玩游戏机行为进一步加强，有不断地去追求这些物质奖励和个人体验的冲动；另一方面，当游戏机成瘾后，现实的适应功能明显受损，学习成绩下降，精神不振，老师、父母的责备、批评，使成瘾者感到丧失了对生活的自控力，似乎摆脱这一境况最快最有效的手段就是再回到游戏机中。游戏机带来的刺激、兴奋、成功的体验，使现实中的苦恼一扫而光。因此，玩电子游戏成为他应付失败、挫折、精神痛苦的唯一手段。

3.哪些孩子易上瘾

专家研究发现，并非所有玩过电子游戏的孩子都会成绩下降、品行不端，关键在于是否上瘾。此外，是否容易上瘾往往又与孩子自身某些心理原因有关。如那些性格内向，希望得到重视但又十分孤独的孩子；生活中遭受过挫折的孩子；家庭不和睦的孩子；没有特长、学习成绩又不突出、心情压抑的孩子；成绩下降而又对环境不适应的孩子，他们最容易上瘾。因为这些孩子在现实生活中不太成功，玩电子游戏时，不仅可暂时忘掉现实生活的苦恼，还可从电子游戏的梦幻及超自然力中得到认同，从而获得某种满足感而逐步成瘾。

防止"电子海洛因"对孩子的毒害要靠全社会的努力。除尽早、尽快、彻底地取缔电子游戏厅外，学校要注重素质教育，充分挖掘孩子多方面的潜能，激发多方面的兴趣。家长应注意教育方法，注意培养孩子健全的性格。至于已经上瘾的孩子，应找心理医生进行系统治疗，使之摆脱对电子游戏的心理依赖。

迷恋游戏机的危害

电子游戏机作为电子时代孩子的娱乐工具，以其新颖和刺激的内容和方式，吸引着成千上万的孩子，锻炼了他们的反应力，满足了他们的好奇心，并在某种程度上有益智的作用。但是，过多地、无节制地玩电子游戏机，既给孩子的身心健康带来极大危害，又带来一系列让人忧虑的社会问题。

1.沉迷电子游戏机会影响孩子的学业

有些学生玩电子游戏机入迷，上课不专心听讲，甚至在课堂上经常想电子游戏的情景；做作业不用心，有时还完不成，导致他们学习成绩下降。

2.沉迷电子游戏机有损孩子的身体健康

现代科学研究证明，电子游戏机能发出一种肉眼看不见的 X 射线，穿透某些细胞，悄悄进入人体，引起细胞变性、组织损害，从而导致以眼睛痛、肌肉痛、精神失常为主要症状的疾病。而孩子正处于细胞分裂的活跃时期，在相同时间内射线吸收量比成人多 1.5～3 倍，更易受 X 线、微波等的伤害，因而危害更大。

3. 孩子身体正处于发育成长时期，上课时他们已经坐了好长时间，放学后如果再到游戏机前站上 1～2 个小时易患下肢静脉曲张，不利于他们健康发育。

4. 为了攒钱玩游戏，把零用钱、餐费都搭上，饿着肚子"战斗"。极易造成胃肠功能紊乱，形成胃肠道疾病。

5. 沉迷电子游戏机会严重影响孩子的视力，导致视力减退。

电子游戏机上的画面鲜艳。光线强烈，对眼睛是一种不良的强刺激。同时，在玩的过程中，精神高度集中，眼睛高度瞄准，很容易引起眼睛疲劳，加之屏幕与孩子两眼的距离 40 厘米左右，非常近，画面跳动频繁，更增加了眼睛的负担。为要得到清晰的形象，睫状体肌必须高度紧张，使晶状体过度曲屈，增强屈光，时间一长，睫状体肌体会发生痉挛，晶状体曲屈过度、屈光过强，正常视物时，无法使物象聚在视网膜上，而落在视网膜前面，造成近视，视物模糊。

6. 沉迷电子游戏对孩子心理产生不良影响

对于孩子们来说，玩电子游戏机的最大问题是钱。他们节省早餐钱，向家长要零花钱，向同学、伙伴借钱，还有些编造理由从家里骗钱，有些变卖过家里的东西，有极少数发展到偷拿人家的钱物甚至敲诈和抢劫，走上了犯罪的道路。

下面是一则新近发生的悲剧：

家住北京通州的 17 岁的××从初中二年级起就退学在家，闲来无事的他从 2001 年起开始沉迷于网络游戏。从赛车游戏到杀人游戏，他在虚拟世界里得到了前所未有的满足。他省下早点钱、零用钱，还挪用父母让他替家里买东西的钱，全部用在了网吧的

消费中。渐渐地，他从省钱发展到主动要钱，最后开始了偷窃。开始，××从父亲那里偷了 2000 多元在网吧泡了 23 天。后来，××又偷拿了 200 多元钱。每次从父亲家偷钱后，××都不敢回家，而是去奶奶家住。2003 年 6 月 15 日当天，他照例来到奶奶家，今晚看电视时他向奶奶要钱去网吧，却被奶奶拒绝。××突然想起父母常把存款交给爷爷奶奶，算起来也该有三四千元钱了，想到这些钱可以换来一个月的泡吧，××起了歹念。按照××的计划，奶奶睡觉时很容易醒，必须把她砍晕才能偷出钱而不被发现。当晚 11 时许，××趁爷爷奶奶熟睡之际用菜刀将爷爷、奶奶砍伤，却只从浑身淌血的奶奶身上找到 2 元钱。在送往医院的途中，××的奶奶伤重身亡。

怎样预防玩电子游戏上瘾

1. 防止玩电子游戏上瘾对孩子们造成不良影响，家长和老师不能只把注意力放到电子游戏和孩子身上，还要反省一下我们的教育方法。教育心理学中有一个"成功教育"的理论。这个理论认为：每一个孩子都有他自己的长处，只要教育者能发挥他的长处和挖掘出他的潜力，他就能获得成功。

2. 我们应该摒弃仅仅以成绩好坏来评价孩子，成绩不好则一丑百丑的落后教育模式。要因材施教，使孩子们的特长都得到发挥，使他们在成长中不断享受到成功的喜悦。

3. 玩是孩子们的天性，应鼓励孩子多做户外活动，多参加集体活动，满足他们玩耍和娱乐的要求，从而提高他们抵抗诱惑的能力。

4. 预防孩子玩电子游戏成瘾的另一个关键是"早"，即要及早发现孩子玩电子游戏的行为。任何行为只要已形成习惯纠正起来就比较难，所以，家长平时要注意观察孩子的生活习惯，从孩

子的回家时间、零用钱等方面的变化中，了解孩子是否玩电子游戏，从而及时予以教育和引导。

5.对已经上瘾者，能使他们脱瘾的唯一办法，就是让他们在现实生活中获得成功。如经常鼓励孩子的每个微小的进步或优点，鼓励并帮助孩子实现某个计划，鼓励并帮助孩子改善与他人的关系，让他在现实生活中体验到成功感，最终发现他是一个重要的人，甚至是一个真正的英雄，从而摆脱对电子游戏的心理依赖。再则有了成瘾行为的人，意志活动减弱，这就是不少孩子答应戒，但一到电子游戏机面前，就控制不了自己而再犯的原因。

6.对玩电子游戏机上瘾的孩子，在一定的时间内，还要注意严格监督，不让他们有接触电子游戏机的机会。

慎防甜蜜的"电话黑洞"

某些热线电话一旦拨通，你就可以足不出户，在家里即可得到心灵上的满足，排忧解难、释放烦恼、求知问路、亲友祝福……进入一个奇妙的世界。可是这些电话，包括来自遥远国度的祝福带来的经济"黑洞"，那天文数字的赤字，却让人胆战心惊，充满恐惧。

1996年2月，汕头市出现了一场"电话风波"，引起全社会的关注。

一张17万元的电话单据送到陈女士家中，她被这个天文数字吓傻了，风风火火赶到邮电局查询：还是她家电话，且注明是打至美国夏威夷和瑞典等国的国际长途，通话时间每次都在1小时左右。陈女士怀疑是别人偷打或者邮电部门作弊，一直奔走于公安、邮电部门之间。

最后公安局明察暗访，终于弄清是陈女士的儿子偶然拨打国际交友电话，听到对方讲述天方夜谭般的故事。自后，每当独自

在家，夜深人静，便拨打国际长途电话，进入甜蜜梦幻世界。由于这些国家通话费高达每分钟 30 元人民币，故月累计话费达 17 万之多。这一电话消费花掉了他们全家十多年的积蓄。

面对此情此景，中小学生应该：

1. 有心事找父母谈。

2. 打热线电话前，先问收费价格。

3. 接到低级趣味电话马上挂掉。

4. 有恐吓、骚扰电话要报警。

勿沉溺于玩电脑游戏或聊天

对于城市里的少年儿童来说，网络的吸引力绝对不亚于地球的吸引力。在一个个五花八门的网名下，陌生感和新鲜感使得他们对网上世界产生了种种美好的遐想。

在知识经济网络时代，上网也是人们生存和发展必备的技能，而且网络世界确实很精彩，电脑游戏的魅力也远不是没有上网经验的人所能想象的。

据中央电视台报道，我国目前有 5000 万名儿童上网。只有 20％的人是与学习相关的，其他都是玩网上游戏。但是，网上的世界很精彩，网上的世界也很无奈。有些少年儿童沉溺于上网玩电脑游戏或聊天，一上就是数个小时，不但累坏了身体，而且浪费了宝贵的光阴，耽误了学习。有研究表明，网络对人的记忆力有损害。对儿童来讲，沉迷游戏会影响他们创造力的发展。更有甚者沉溺于网上交友，离家出走，造成不应有的家庭悲剧。据有关方面对 15 个省、自治区、直辖市的调查，因上网引发的未成年人犯罪占同期未成年人犯罪的比率已由 2000 年的 4.1％上升到 2003 年 1～3 月的 25.1％。

如何正确上网呢？

1.平时每逢周末或寒暑假，上网轻松一下也无不可。但绝对要控制上网的时间与次数。生活中有连续在网上聊天32小时导致突发性思维紊乱，用水果刀割伤手腕，造成失血性休克的例子。

2.在上网时要寻求健康或有益的内容，或者进行正常的交友、聊天。

3.由于我国性教育的滞后，未对少年儿童进行教育疏通，他们转而上黄色网站宣泄。家庭与学校要开展正常的性知识教育，消除少年儿童对性的神秘感和性困惑。

4.少年儿童正处于情感波动期，自控力较差，极易受新鲜事物吸引而不能自拔。老师与家长应对少年儿童进行强化式的心理干预，帮助他们树立坚定正确的奋斗目标，培养其控制力和良好的心理品质，使其有意识地控制自己的上网欲望。

5.除了政府加大打击黑网吧的力度外，学校、家长对未成年人的引导也很重要。比如，经常组织一些健康有益的有关网络的活动，孩子平常有大把的时间，尤其是寒暑假，应该多组织点有益的活动，使孩子正确认识网络、接触网络，在网络上寻找需要的科学知识、信息资源，而不单纯是为了游戏。

6.千万不要把姓名、家庭住址、学校名称、电话号码等等与自己身份有关的信息作为公开信息提供给闲聊屋和公告栏等。如果事先没有征求家人或监护人的意见，千万不要向别人提供自己的照片。

7.千万不要理睬如下信息或公告栏内容：暗示性信息、晦涩信息、挑衅信息、威胁信息和让人感到不安的信息。

8.当有人无偿赠给你钱或物时，应当引起警惕。如果有人以赠送礼物为由要求你前去约会，或提出登门拜访时，应当高度警惕。

9.一旦发现任何令人感到不安的信息，应立即告诉自己的父母或监护人。

10.切勿在父母或监护人不知道的情况下安排同别人进行面

对面的约会。如果父母或监护人同意你去约会，一定要选在公共场所约会，并且要有家长或监护人陪同。

11.记住，网上朋友可能是假名。由于你无法听到，也无法亲眼看到他们，所以上网者也很容易把自己伪装起来。因此，自称"一名12岁女孩"的"她"实际上很可能是一位年龄更大的人。

12.在通过电子邮件提供自己的个人资料之前，一定要确保你与之打交道的是你本人和父母都认识，并且信任的人。

13.要像了解所有其他朋友一样了解"网上朋友"。

第二章　学生娱乐安全知识

　　几年前，在社会的呼吁下教育部终于决定给学生减负，但在我们还没来得及高兴的时候，一系列问题便出现了，有的同学手足无措，有的同学投身校园暴力，还有的同学扎进了游戏厅、网吧甚至酒吧、舞厅不能自拔……

青少年学生娱乐的心理误区

几年前，在社会的呼吁下教育部终于决定给学生减负，但在我们还没来得及高兴的时候，一系列问题便出现了，有的同学手足无措，有的同学投身校园暴力，还有的同学扎进了游戏厅、网吧甚至酒吧、舞厅不能自拔……其实这些问题并不是减负减出来的，在减负之前就存在这样的问题，只不过减负为这些问题的暴露提供了机会。一位老师看着下了课就只知道打架的学生无奈地说："现在的孩子怎么不会玩了？"我们不禁也要问：同学们，你们为什么不会玩了？

心理误区一：我们没有时间玩

从周一到周五，我每天早上 6:30 起床，匆匆忙忙洗刷完毕，然后狼吞虎咽吃一点东西；7:00 开始往学校出发；赶到学校，7:30 打扫卫生、预习新课；8:00 开始，老师拿着知识的原子弹轮番进行轰炸，但中间往往会有钢铁之身岿然不动，偶尔还会发出阵阵惬意的鼾声；12:00 铃声响后，学生们或头大，或脚轻，或麻木地走出教室，偶尔还有几声歇斯底里的吼叫；12:00 到 13:00，赶回家再赶回来，中间要吃饭；13:00 上课，老师再次携着"原子弹"呼啸而来，开始了新一轮的"轰炸"，当然中间还是有同学先牺牲在瞌睡虫的攻击下；16:30，期待已久的下课铃声终于响起，一股骚动正要冲天而上，但是先留步。语文老师一边收拾残留的"弹片"，一边意味深长地说："你们也太没有上进心了，晚上回去闲着没事把《河塘月色》背个滚瓜烂熟，多么优美的句子，多么富有诗情画意，不背就可惜了……"语文老师话还没有说完，一向强调精确的数学老师踱着用数学公式计算好的小步停在讲桌的正中央，然后半转身飞快地在黑板上写下一个页码一个题号，后面注着四个字：今天作业。一个甜美的声音偷偷地飘出来："数学老师今天真好，只一道题……"一个近乎疯狂的喊叫却在数学老师的脚后跟刚消失在教室门口爆发出来："哇噻！一道题里面 40 个小题……"接着是一片虐待书本的

声音……这时班主任兼政治老师进来了，只见他1.85米的身躯像华表一样立在教室前面，"怎么了，怎么了，还没有放学呢，就翻天了，你们真是枉称社会主义的接班人，这种态度、这种觉悟、这种韧性怎么能担当起未来的重任，今天回家先好好反省一下自己，然后把社会主义分哪三个阶段和社会主义的优越性背一下，你们生活在这么优越的社会条件中还不知足？"接着就是历史老师、地理老师、生物老师、物理老师都向大家播撒了希望的种子……大家一边稀里哗啦收拾着书包一边奇怪今天化学老师怎么没有扔化学炸弹。这时，在楼梯上，一个尖嗓子在高声叫着，"同学们，回家不要忘了做一个小的实验，并写一份报告说明臭鸡蛋是怎样做成的……"

好不容易媳妇熬成婆等着过周末，刚坐在电视机前面还没有来得及打开，爸爸妈妈又提着机关枪冲过来，"明天上午愉快英语，明天下午趣味数学，晚上练钢琴，后天上午情境作文，后天下午快乐物理，给你一个晚上做作业的时间……""我……"还没说出第二个字来机关枪更猛烈扫过来，"你怎么了，想当年我们上山下乡哪有时间上学，大好青春都浪费了，我们拼命地挣钱不都是为了你，你现在这么好的条件，不趁着年轻多学点本事将来哭都来不及……"星期天晚上，更确切地说是星期一早上，我做作业做到1∶00才好不容易做完，但到底做了些什么我也不知道，刚打个哈欠要睡觉，一直陪着自己熬夜的妈妈看着作业单上还缺的那个勾说："臭鸡蛋实验报告还没有写呢……"

这位同学的解释是：我们根本就没有时间去娱乐，我们怎么会娱乐呢？我们根本就不敢娱乐，我们又怎么会娱乐呢？我们不妨把这种看法叫做时间冲突误区。

心理误区二：我害怕玩

"我想唱歌可不敢唱，小声哼哼还得东张西望……"这是一首20世纪80年代在广大青少年中广为传唱的歌曲，但相信歌中所描述的情形并不是80年代青少年的专利，即使是在21世纪的今天，仍然有好多少男少女在经历着老鼠想吃奶油但又怕被猫捉的矛盾与痛苦。下面就是一个名字叫小菲的同龄人在暑假日记里一段无奈的自白：

今天离中考正好还有一年的时间，但我的心却早就上紧了弦，

好像马上就要中考一样。期末考试一结束我就为自己制定好了暑假的学习计划，现在我正在制定初三的学习计划。我的好朋友今天邀请我暑假一起出去玩，但被我婉言回绝了，因为我觉得一旦我一天不学习就会被其他同学落下。

说句实话，我不是铁打的，我也有七情六欲，我也很想出去玩一下，放松一下自己疲惫的心灵，因为我一直就像一台不知疲惫的机器一样日夜不停地转着，我实在太累了。但一种无形的压力却萦绕在我心头，并时刻告诫我：不能玩，玩是一种罪过。于是我便把自己锁在我那间堆满书籍的小屋里，把那些已经看了不知道有多少遍的参考书翻了又翻，即使什么也不看只是翻来翻去也觉得这样才放心一些，其实我也知道这样并没有学到多少东西。

我经常注视对面楼上那个熟悉的身影，一看到她在专心地学习，我就觉得自己落后了。到了晚上，我会注意她房间里的灯是否还亮着，她好像已经知道我在跟她拼，每天晚上都睡得很晚，我有时候不停地打瞌睡，但我还是不敢去睡觉，其实这样学习几乎没有什么效果，我很清楚这一点，但我却无法改变自己，我到底为了什么？

我多么希望自己能喘息一下，哪怕是翻看一本我喜欢的故事书，听一段自己喜欢的音乐，但我无法做到。因为我一打开故事书就仿佛有个无形的影子在我身后愤怒而又无奈地盯着我；我一打开随身听就好像听到一个声音在大声地训斥我，于是我赶快把故事书合上，把随身听关死，但即使是这样也消除不了我的罪恶感。我经常责备自己私心杂念太多，责备自己不能像尼姑一样抛弃一切尘事，一心学习。我曾经采取过一些措施来消除我的这些念头，每当我想看故事书时就用一只手去捏另一只手，但即使是这样我还是经常出现玩的念头。

有时候我也力图去原谅自己，有时候又很痛恨自己，为什么不能像其他同学那样尽情地玩一下，但我实在没有那种勇气，因为我不敢向爸爸妈妈保证每次都能考第一，我不敢保证明年能考上省重点，我有太多的事情不敢做出保证，所以我不能出去玩。我只能把自己囚禁在小屋里品尝学习的苦涩滋味，难道只有小屋和学习才是我的生活？

这是一篇沉重而又无奈的日记，日记里的每一个字都迸发出作者的迷茫与痛苦。这绝不是"少年不识愁滋味，为赋新词强说

愁"，这是发自内心的痛苦体验。

可能会有许多正在为学业挣扎的少男少女也在经历着或经历过小菲在日记里所描述的痛苦体验。

毕竟，我们这个年龄段曾经被赋予太多的溢美之词，伟人说我们是早晨八九点钟的太阳，文人说我们是灿烂的花季、浪漫的雨季，老人说我们是一个无忧无虑的年纪……

但是，生活从上学的那一刻起变得单调乏味起来，太阳因为背负着太多的责任而难以爬升、黯然失色，花季因为经受太多的风吹雨打而渐渐凋零，雨季因为包含太多的人生追求而混沌不堪。

太阳累了，花季谢了，雨季枯了，金子般的岁月流走了，唯一剩下的就是一颗还在盲目跳动的心。

难道这就是生活吗？小菲无奈与迷茫的呐喊深深地震撼着每一个少男少女骚动不安的心，可能也会激起许多同龄人心中共鸣的波澜。

小菲在她的日记中还写下了这么几句话：

"生活就是学习，生活就是与书籍为伴，生活就是苦酒一杯，生活就是一团乱麻，生活就是一条永无尽头的荒凉磨难之路……"

"生活难道就是这样吗？"

"答案真的是这样吗？"

这一串串的疑问像一把把利剑穿刺着我们稚嫩的心灵。是呀，多彩世界难道就只有灰色调了吗？

小菲的生活本应精彩，小菲的心情本应快乐，但事实是小菲已经不敢奢望这份本该属于自己的东西。

小菲最后在日记里写下：

"我怎么了？"

我们把这种看法叫做学习冲突误区。

心理误区三：中华民族的美德：勤劳＝艰苦？

在中国的文化理念中，勤奋是一大美德，是一个人能在社会上站稳脚跟、成家立业的前提，而好吃懒做是一大忌。为此祖先

为我们留下无数的名言警句、成语典故："精卫填海"、"夸父逐日"、"愚公移山"、"天道酬勤"、"书山有路勤为径，学海无涯苦作舟"、"业精于勤荒于嬉"、"学习是灯，努力是油，要想灯亮，必须加油"等等，这种观念本身并没有什么错，但我们自己却对这种观念形成一种误解，那就是把娱乐或者说是"玩"等同于"懒"，看作是游手好闲，于是"玩"也被我们看成是"洪水猛兽"，被列入禁忌行列。我们的社会也在竭力宣传"勤文化"的过程中形成了一种默认的观念：勤就是要吃苦。看一下我们的宣传口号吧，我们总是自豪地称自己是一个勤劳、简朴、勇敢的民族，却很少说自己是一个聪明的民族。勤劳被我们歪曲化，娱乐也被我们妖魔化，"勤"成了苦难的代名词，认为只有苦难才是金，娱乐成了堕落的代名词，认为娱乐就是罪恶。

我们把这种看法叫做文化传统认识误区。

心理误区四：家长和老师——学习是金！

一位家长如是说：

"现在的孩子条件和我们当年上山下乡相比是一个天上一个地下，但是他们学习的积极性和我们当年比却是一个地下一个天上，他们就知道玩，一点事情都不懂。现在是知识经济时代，没有文化行吗？我们吃过的苦头他们怎么就是不懂呢？现在我们起早贪黑拼命干，还不是为了他们，我们这一辈子也就是这样子了，就指望他们能避开我们的老路，有点出息。可是他们就是不听，整天就想着怎么吃喝玩乐，打电子游戏、去网吧、溜冰、打球、旅游……就是没想过学习！"

一位教师如是说：

"学生的天职就是学习，在学校里就是要学习，要不还要学校干吗？我们作为教育者的任务就是要教书育人，育人的前提是掌握了充足的知识，没有知识什么都是假的。娱乐只是一种不成熟的表现。"

我们称这种观点为成人认识误区。

看了上面的几种看法，可能我们也或多或少地有同样的想法或经历。的确，在我们的生活中，由于各种原因，自身的、他人的，我们变得不敢玩了、不能玩了、不会玩了……原本多姿多彩的世界成了学习的殖民地，我们变成了学习的奴隶。

举一个例子，有的父母在孩子放学之后通常问的一句话是"今天你学会了吗"；而有的父母在孩子放学之后通常要问的一句话是"今天你玩得快乐吗"，因为在后一种问法这些父母看来，只有快乐才能更好地学习。

是呀，今天你玩了吗？少男少女们。

娱乐是生活的一部分

"世界并不缺少美，而是缺少发现美的人。"的确，在我们所生活的世界里，美无处不在，无处不有。三四岁的儿童会盯着一只小虫子看来看去，这是因为他觉得虫子很美；少女喜欢在自己的头上、衣服上插上鲜花，那是因为她们觉得鲜花很美；少男喜欢在自己的裤子上剪一个洞，那是因为他们觉得这个洞很美；艺术家喜欢把自己的头发弄得蓬松不堪，那是因为他们觉得这样是美丽的……只要善于发现就会找到美，找到美的人就找到了生活的意义，就发现了生活的色彩。在浩瀚的大千世界里，要寻找生活的意义很容易，但有时候又很难。有的人生活得有滋有味，有的人却整天愁眉苦脸，这是因为在有的人看来生活到处都有意义，而在另一些人看来生活几乎没有什么意义。找到生活意义的人就找到了幸福，看不到生活意义的人就失去了幸福。

心理学家认为，人的需要是具有层次性的，是多方面的，我们不用也不可能强迫自己去修身养性，杜绝一切私心杂念，去做一个苦行僧。我们的生活需要吃、穿、行，这是维持生命的需要；我们的生活需要不断地学习，这是自我提高、实现自我价值

的需要；我们的生活也需要娱乐，这是提高生活质量、体验生命存在的必需。所以娱乐就如同我们吃饭、喝水一样，是生活的必需。

国外现在有一门新兴学科叫做休闲学，这门学科的主要研究方向就是探讨如何"玩"，乍一听起来挺可笑的，谁不会玩？玩还用学吗？但事实证明确实有好多同学不会"玩"，像小菲这样不敢玩的同学有，想玩但不知道怎么玩的同学也有，玩了但玩得一塌糊涂的同学也有，玩得尽兴但玩出麻烦的人也有。所以，学会玩或者说学会娱乐也是一门学问。

其实，西方发达国家的人们在忙碌的工作中也不忘忙里偷闲。法国人喜欢在休假时携全家去海边放松，他们通常会静静地躺在被阳光晒得暖融融的沙子里，一躺就是一周时间，什么也不干，顶多就是拿一本休闲书翻一翻。

而在我们中国呢？举几个例子，中国的中学生几乎每一次都能在国际奥林匹克竞赛中拿到团体冠军，但中国的大学生却变得平庸起来，到了社会上纷纷喊不适应，出国热一浪高过一浪；中国拥有 12 亿人，却没有一个拿到诺贝尔奖金，虽然有各种原因，但有人提出中国传统文化将学习看作是一件苦差事的思想限制了中国人智慧的发挥，这是因为大部分的中国科学家都要处于一种高度紧张的状态下，什么时候写出论文，什么时候出成果，往往是上级有硬性指标。而从科学的发展以及一些发明家的自述来看，科学虽然"没有捷径"，但这并不意味着从事科学就总要以付出生活的乐趣甚至生命为代价，科学的过程是"千淘万漉虽辛苦，吹尽狂沙始到金"，而科学的结果往往是"众里寻她千百度，蓦然回首，那人却在灯火阑珊处"。世界上许多重大发明都是在一种很休闲的状态下完成的，科学的产生往往伴随着灵感的出现。而且许多伟人不仅在他为人知的领域内拥有自己的过人之处，而且在其他方面往往也有自己的专长和喜好，比如邓小平玩桥牌的功夫堪称一绝，毛泽东游长长江的娴熟与豪迈至今令人称

道。这些都已经成为他们生活的一部分，而且对他们的事业也起到了促进作用。其实，如果我们仔细观察也会发现我们身边好多在学习方面优秀的同学也不是纯粹的"书呆子"，甚至有一些是"大玩家"，他们往往有自己的一门专长或喜好。

现在我们有充足的理由推翻"娱乐是一种罪过"的观念了，让我们找一个空旷的原野大声地喊："生活其实很精彩!"让我们一起来寻找生活的意义吧!

突破娱乐的心理障碍

1. 突破时间冲突误区

正如娱乐不能挤占我们的学习时间一样，学习也不能挤占我们的娱乐时间。存在时间冲突认识误区的同学大都认为他太忙了，没有时间玩。当然，原因可能很多，但是没有计划好自己的时间可能是一个很重要的原因。

观察一下你的时间表（写在纸上的或记在心里的），是不是被学习完全占据了，或者被玩的时间霸占了。这两种极端都不是好现象。

你需要给自己留一些机动时间，否则，万一有其他事情，那么你就会手足无措。如果你觉得自己在过去的时间里并不是一个很会管理时间的角色，那么填写每一个表格并写在纸上是很有必要的。因为你的自制力还不能保证你能处理好时间安排或按计划行事，写到纸面上之后就会督促你严格按计划做事情。

2. 突破学习冲突误区

分析一下某些学生的心理我们就会发现，其实学生的痛苦所在就是不敢尝试生活中其他方面的乐趣，学习成了她生活的唯一，学习就是生活的代名词。她之所以这样做也是迫于各方面的压力，尤其是随着中考临近，不仅爸爸妈妈给自己加压，自己也

不自觉地自我施压，俗话说高压之下难出众，长期处于这种压力之下，学生的心理深处逐渐形成了一种擦拭不去的核心观念：玩是一种罪恶。这种罪恶感就像一个无形的紧箍咒紧紧地套在学生的头上，使学生不敢轻易地"放纵"自己。

（1）系统脱敏法：在学生的观念中，娱乐和罪恶建立了联结，用系统脱敏法切断这个联结或建立一种新的联结：观察一个自己比较崇拜的同学，他（或她）学习很好但是也很会玩。学生开始模仿他（或她），每次自己想玩时可能还会伴随一种罪恶感，但是这时心里要想到那位同学是怎样玩的，以及他（或她）玩之后也取得了不错的学习成绩，甚至还要想象一下他（或她）是如何受老师表扬的："××不但学习好，而且兴趣广泛，多才多艺，值得我们学习……"学生自己也需要进行自我激励：我玩了，心情很不错，这样我学习就会更投入，效率更高。这时争取到父母、同学以及老师的支持更好，在每次玩的时候他人（我们称之为协助治疗者）适当地给予奖励，比如一起踢毽子时，协助治疗者说："你踢得真好。"这样经过一段时间之后，学生的头脑中就会在娱乐与快乐之间建立一种新的联结。

（2）森田法：顺其自然是森田疗法的特点，学生不要担心自己玩会出现什么样的后果，先"放纵"一下自己，在什么也不考虑的前提下在课余时间玩一阵，然后看一下自己的学习是不是真如想象的那样一落千丈，还是自己玩了之后在正规上课和学习时更珍惜学习的时间，效率更高了。

（3）榜样观察法：实际上在系统脱敏法中我们已经用了榜样观察法，但是这次它的作用更明显：多参加一些同学之间组织的活动，仔细观察一下是不是学习很好的同学也是一个大玩家，当你看到一个学习相当不错的同学在玩时，你悬着的心也会如释重负，努力去寻找生活的乐趣，甚至可以做一个表单，仔细地想一下玩有什么好处，并将这些好处一一列出，然后找几个具体的事例来验证一下自己所列的是否能在实际生活中站住脚；如果可能

将自己比较要好的同学召集起来一起考虑玩的好处，最好这些同学里面有成绩比较优异的或者你自己很崇拜的人（自己很崇拜的老师也是不错的人选）；在课余时间尝试"解放"一下自己，比如学习累了听一听音乐，和同学打打球，结束之后回忆一下刚才的愉快体验。

3. 突破文化传统认识误区

在你不能改变一个现实的时候就先适应这个现实，然后再尝试去改变它。

可能我们无法拒绝苦难，但是我们也不要造就苦难。

苦难可以成为我们宝贵的人生经验，但宝贵的人生经验并不总是苦难。

4. 突破成人认识误区

上面我们讲了几种方法，但是无论哪种方法都必须争取家长和老师的密切配合，选择一种比较适合自己的方法。想办法从父母和老师那里谋求宽松的学习和生活环境，尽量减轻自己的心理压力，告诉父母和老师你最喜欢听的是"你成功了，我们爱你；你失败了，我们一样爱你"，而不是"路就这么一条。过去了，你就是英雄，过不去，你就是狗熊"。告诉父母和老师在你们心目中他们应该是能纳百川、能避风浪的温暖的港湾，而不是深藏杀机、惊涛骇浪的百慕大三角死亡区。

要消除父母和老师的认识误区，首先要学会和父母与老师的沟通，在与家长的沟通中你可能会选择下面几种方式（以与妈妈的沟通作为例子）：

（1）你一边往外跑一边说："妈，我玩去了——"妈妈急切地问"你去哪儿——"你很不耐烦地说："管这么多干吗，你烦不烦——Bye－bye。"（恐怕没有人会愿意听这样的话。）

（2）你把书包往沙发上一扔："妈，掏钱，我明天要和同学玩去。"（你相信听了这话后妈妈会痛快地掏钱吗？）

（3）你有些不情愿地"委曲求全"："妈妈，我要出去玩，给

我点钱行吗?"(可以考虑一下,但是总觉得不是那么舒服。)

(4)你和风细雨地:"妈妈,我跟您商量一件事好吗?""什么事?"可能妈妈的脸色不是很好看,但是你的话似乎让她的态度比以前好一些。"妈妈,明天我们班同学要到植物园玩,您和我们一起去好吗?"妈妈开始犹豫,显然她觉得自己刚才的态度有些强硬。于是她绷紧的脸皮开始松懈,并露出了一丝笑容:"你个小鬼头,妈妈能去吗,我明天还有好多事情要做,说吧,你要多少钱?"妈妈开始掏口袋。"妈妈,您真的不跟我们一起去?您的事情我能帮着做吗?"妈妈的脸已经笑成了一朵花。"你先玩去,好好玩,该你做的妈妈会让你干的——"妈妈把钱放到你的手里,显然你的目的已经达到。"妈妈,您真是世界上最好的妈妈,谢谢妈妈。"

很显然,第四种方式是最让人舒服也最有效果的沟通方式,试着这样做一做。

但是,对于已经和父母筑起厚厚隔膜的一些同学来说,即便是做到了上面一点也可能无法打动父母的心,那么你怎么办呢?

(1)"不给就不给,干吗那么凶,我做错了什么?"这进一步加固了父母和你的隔膜,一场家庭战争就要爆发了,这样的结果是谁都不愿意看到的。

(2)"可能是我以前的表现太糟糕了,或者妈妈在工作上遇到了不如意的事情,不要紧,我会用自己的实际行动来感化妈妈的。"这么一想你就不会对妈妈采取以硬碰硬的方式,而是运用"太极",以柔克刚。"妈妈,您是不是遇到不高兴的事了,我能帮您什么吗?我知道是我以前做得不够好,但是我会用自己的实际行动来证明给您看的,我能在家里帮您干一些什么事情吗?"尽管妈妈还是很生气,但是很显然你的一番话已经起作用了,她感到你已经不是以前那个任性、不懂事的小孩子了,你已经长大了、懂事了、成熟了,知道体谅父母的难处了。这时候妈妈可能还不会掏口袋,甚至会不理你,但是她在考察你,看你是不是真

如说的那样。经过一段时间的观察之后，她发现你真的变了，于是你们之间的隔膜越来越薄，终于一天，风轻云淡，海阔天空……

在后一种方法中很重要的是你的实际行动，如果你的表现确实很成熟，就会强化妈妈对你开始改变的印象，直到最后你们之间没有任何障碍。爸爸妈妈不会过分为难自己的孩子的，他们的要求也不高，所以在他们生气时你需要考虑他们为什么生气，毕竟他们所承担的压力要比你大，如果你能站在他们的角度上考虑一下他们的难处，继而尽量扮演一个化解矛盾的角色而不是一个激化矛盾的角色，那么你的生活就会变得很滋润。

除了父母之外，很让你头疼的可能就是老师了。师道尊严，遇到事情自己不能像对自己的父母那样撒娇，也不能火气冲天，但是这并不意味着老师顽固不化，只要你采取策略，自然会精诚所至，金石为开。

（1）偷偷地，下了课之后你掏出自己的收音机，然后突然间放出声音来，同学有的惊愕，有的鄙夷，有的感谢，但是老师的脸色很可能不会很好看。"××，你在干吗呢，你怎么一点公德都不讲，其他同学都在学习，你却放出噪音来……"你确实很冤枉，于是你憋着一肚子气"啪"地把收音机关上，你的这一个动作老师看在眼里，在他（她）的心里你的形象不会太好，而你对老师的意见也会越来越大，一个恶性循环开始了。

（2）在打开收音机之前，你走到老师跟前，"××老师，大家上了这么长时间课，都很累了，我们放点音乐来调节一下，放松放松，提提精神，好吗?"这么一说，完全消除了老师对你的误解，而且老师也会觉得你是一个很替同学着想的学生，她（或他）会带着微笑对你说："这个主意不错，不过声音不要太大，否则效果就不好了……"老师对你的印象越来越好了，你们之间开始了一种良性循环关系。

放飞心灵，该玩时就要玩

娱乐可以满足我们各方面的需要，适当的、健康有益的、轻松愉快的娱乐活动不仅可以使我们获得丰富的体验，陶冶高尚的情操，而且可以增长才干，调节心理，满足自我发展的要求。那么，娱乐具体有哪些好处呢？

1.娱乐可以促进身体和心理的健康发展，请你结合自己的亲身体验说一下娱乐是怎么样促进自己的身体和心理的健康发展的。

2.娱乐可以完善知识结构，这听似可笑，但事实确实如此，请说一下自己在这方面的体验。比如，是不是有些很会玩的同学，他们懂得很多，而且谈起来口若悬河。

3.娱乐可以培养综合能力，请说一下娱乐可以促进自己哪些综合素质的发展，如何娱乐才能促进自己综合素质的发展。

4.娱乐活动可以增进人际关系，满足大家社会归属的需要，请说一下自己是如何或打算如何通过娱乐来优化自己和父母、老师以及同学之间的关系。

5.娱乐活动可以调节情绪状态，请结合自己的一次娱乐经历说一下娱乐的时候自己的情绪状态，如何娱乐才能使自己处于一种积极的情绪状态中。

既然娱乐有这么多好处，那么就让我们消除疑虑，该玩时就要玩个痛快！

轻装上阵，潇洒地"玩"一回

甩掉娱乐罪恶的包袱，让我们轻装上阵，潇洒地"玩"一回。

有哪些娱乐活动呢？中学生的娱乐活动实际上可以用五花八门来形容，有的同学喜欢看小说，有的同学喜欢看电视，有的同学喜欢体育活动，有的同学则喜欢艺术活动，还有的同学喜欢睡大觉……

1.以书本、报刊为中心的活动，但不一定是以获得知识为目的。

2.探索性、研究性的活动，比如利用物理知识制作家用电话，制作航空模型，观察当地生态环境质量，统计家乡的人文古迹，记录植物的生活习性等。从事这类活动往往需要一定的兴趣和具备一定的知识技能，而且也需要一定的耐心。

3.实践型、劳动型的活动，看到这里有的同学可能会质问"有没有搞错，这也是娱乐吗？"可以肯定地回答："是"。俗话说"实践出真知"，"没有调查就没有发言权"，"劳动创造了人类"。实践和劳动虽然是艰苦的，但也是苦中有乐。

4.服务性的活动，也就是以产生社会效益而不求回报为目的的活动，比如志愿者活动，雷锋节的义务劳动，植树节的义务植树活动，为军烈属、孤残人的服务等。一位心理学家说"当你需要得到爱时首先要给予爱"，这或许就是我们常说的"爱在爱中得到满足"吧。还有一个真实的故事。一个觉得生活失去意义而萌生自杀念头的人去找心理医生咨询，心理医生告诉他，你先去福利院和贫民窟看一下，然后再来咨询吧。七天之后这个人容光焕发地跑到心理医生的咨询室告诉心理医生："我知道生活的乐趣了，我要帮助福利院里的老人、儿童和穷人找回人间的幸福，那也是我最大的幸福！"

5.体育、健身性的活动，生命在于运动，可见运动对于维持生命的重要性。但运动的魅力绝不仅限于维持生命，合理的运动还可以提高生命的质量，可以发展人际关系等等。

6.通常意义上的娱乐活动，比如欣赏音乐，观看电影、电视，参加各种音乐会、杂技表演等，这类活动较受中学生喜欢，

而且适度地参加这类活动也确实能达到丰富生活、娱乐身心、提高艺术修养的目的。

7.以人际交往为目的的活动，比如参加同学的生日聚会，和同学、老师、家长聊天等。中学阶段是一个人社会化的重要阶段，健康、良好、和谐的人际关系是中学生健康成长的重要保证，所以平时可以多参加一些此类活动。

第三章　学生看书娱乐安全知识

　　我们往往喜欢把像陈景润那样整天钻在书堆里、不问世事、一心只读圣贤书的人叫做"书呆子"，有时候还要自作多情地可怜这样的人一番："唉，这样过日子多没劲呀。"事实真的是这样吗？

品味书中的乐趣

我们往往喜欢把像陈景润那样整天钻在书堆里、不问世事、一心只读圣贤书的人叫做"书呆子"，有时候还要自作多情地可怜这样的人一番："唉，这样过日子多没劲呀。"事实真的是这样吗？

1. 被人误解的"书呆子"

的确，对大多数同学来说，读书尤其是读自己不感兴趣的书是一件很痛苦、很无聊的事情。"头悬梁，锥刺股"本身就说明所读的书对读书者并没有什么乐趣可言，否则就不用为了读它而如此折磨自己了。我们在学校里几乎是月月读、日日读、时时读，整天重复同样的动作，难怪大家会说"最近比较烦"。但如果把读书看作是一种娱乐方式境况就大不相同了。与课堂中的读书相比，在娱乐中我们有充分的选择空间，我们可以选择自己喜欢的。老师经常会这样批评一个学生，"他一点都不喜欢学习，一点都不喜欢读书"，实际上更为贴切的评价应当是"他一点都不喜欢读课本"。因为有许多这样的同学：上课时会聚精会神地看自己喜欢的各种各样的小说、杂志等。我们能说他们不喜欢看书吗？

2. 书呆子呆不呆

古人说得好，"读书可以怡情，读书可以悦神"，可见读书并不是痛苦的代名词。"书呆子"之所以乐此不疲就是因为他们从书中找到了自己的乐趣所在。好多同学在谈论金庸的作品时都说宁愿看书也不看电视或电影。我们知道，看书实际上是一个将文字符号进行个人加工，并转化成个人头脑中的映象的过程。读书实际上也是一个充分发挥个人想象、加入个人思维的过程。读者在读书的过程中可以浮想联翩，甚至把自己设想成文中的某一个

人物。可见，读书过程中个人的自我卷入程度是比较高的。许多文人墨客"一心只读圣贤书，两耳不闻天下事"，那是因为他们从读书中找到了快乐所在。心情郁闷时读一篇或措辞激昂、针砭时弊，或幽默风趣、让人捧腹的文章，自己心里也觉得舒服许多；在情绪低落时读几篇笑话，情绪就会舒畅一些；在对生活失去乐趣时读几篇美文，自己也觉得生活其实很值得去仔细地欣赏和品味。

1. 你是否认为喜欢看书的同学就是什么都不懂的书呆子，请说一下你的看法。

2. 请列出课本里面你比较喜欢的几篇课文，并说明你喜欢的理由。

3. 如果你要读一点东西，在课文和杂志之间你更倾向于选择哪个？

4. 如果考虑到学习知识，你第 3 题的答案会不会有所不同？

5. 如果考虑到娱乐身心，你第 3 题的答案会不会有所不同？

6. 你觉得如何处理课本和课外书之间的关系更为合理？

由此看来，书呆子实在不呆，他们似乎更懂得"开卷有益"的道理，他们也能从书中找到自己生活的乐趣，所以他们虽"读书破万卷"而乐此不疲。

做一名理智的读书者

1. 逛书店本身和逛公园一样也是一项不错的休闲娱乐活动

从心理学的角度来说，现代阅读心理学认为阅读行为应当是一件范围很广的行为，它既包括我们平时所说在课堂上朗朗地读书，也包括自己在课下读一些课外书，还包括一些我们通常看来是"胡闹"的行为，比如两三岁的小孩子拿着书乱翻，甚至是撕书，用手拍打书都被认为是一种阅读行为。还有人认为逛书店就

像去寺庙或教堂一样，可以净化人的心灵，去掉一些私心杂念，使人忘记一切尘世的烦扰，给人一种放松的感觉。所以，在一个人学习或工作了一整天之后去书店逛一下，不仅可以调整一下生活方式，还可以放松紧张、疲劳的神经。这是因为在书店中即使你不去翻书，只是闲逛，这个过程也是一个接受图书信息和读书氛围的过程。

对我们中学生来说，除了以上好处之外，去逛书店的另一个很重要的原因是正规的书店可以为我们提供一个挑选质量较好、品味较高图书的机会。一般说来，正规的图书店里展出的图书质量都较高，都需要经过国家有关部门的检验，对我们成长有害的书都会被拒之门外，这无疑起到了预先过滤的作用，使我们免受不健康书籍的毒害。

2.怎么挑选出自己喜欢的书籍

一般的书店都有成千上万种书，更不用说一些规模比较大的图书城了。有好多同学往往是凭着一股热情去逛书店，所以什么都想买，什么都想看，但往往是钱花了不少，等买回来之后又后悔，于是崭新的、还没有翻过的书就被放在了一个角落里，既浪费了时间又浪费了金钱，十分可惜。

其实这些同学的关键问题在于他们在逛书店之前并没有为自己制定一个完整的计划。也就是说他并不知道自己到底要买什么书，自己需要买什么书，以及这些书到底对自己有没有购买的必要。

在去书店买书之前你首先应当对自己的购买行动做好计划：钱——书的类型——每本书的大体价格。

这些都是要在去书店之前计划好的事情。制定好的计划最好要写在自己的记事本上或记在自己随身携带的其他东西上，这样就可以防止到时候丢三落四了。

3.培养青少年学生抵御诱惑的能力

在某城市曾发生过一起绑架出租车司机案，案犯的作案手段

极其高明。但当最后缉拿归案时，人们都惊呆了，四个案犯全部是未满18岁的青少年，其中最大的只有16岁，最小的才12岁。当办案人员问他们是从哪里学到的作案手段时，答案是从一本"侦探"小说中学到的：他们一次路过一书摊，摊主极力向他们推荐一本警匪小说，他们翻了一翻，这本书名为《警察抓小偷》，实为五花八门的抢劫方法大荟萃，离奇的情节加上蛊惑性的文字描写，让他们觉得是如获珍宝，爱不释手，最后仿照书中的描写做出了不该做的事情。

青少年学生心高气盛，好奇心比较强，喜欢探索新事物，这过程中就不免会遇到一些不利于自己成长的东西，同时，青少年学生的判断力较弱，容易模仿和接受新事物。这时候当然要注意培养青少年学生抵御诱惑的能力。

在一本可能很有吸引力但不健康的书突然呈现在自己面前时你会怎样做？

（1）赶快藏起来，等回到家后自己偷偷地看。（你是否意识到自己在主动地走进恶魔的嘴里？）

（2）藏起来和同学一起偷偷看。（你在走进恶魔的嘴里时还不忘捎带几个铁哥们！）

（3）把这本书交给老师和父母。（父母和老师会嘉奖你吗？你需要考虑好用什么样的策略向他们解释清楚。）

（4）把这本书付之一炬，让它永远从世界上消失。（你是一个很明智、很果敢的学生！做到这一步很不容易，需要勇气和胆量。）

如果你实在抵挡不住好奇心的驱使看了一本不健康的书，那么接下来你会有什么反应？

（1）按照书上的描写异想天开，沉浸于书中的情境。（你觉得这样对于你的生活有益处吗？用其他事情填补自己内心的空白，比如运动，和父母、老师、同学谈心等。）

（2）付诸行动。（又一个恶魔诞生了，请在行动前想象一下

你这样做之后可能的后果。）

（3）看透真面目。（这种书粗制滥造，只是无聊之人的无聊之作，如果为这种书付出什么，哪怕是精力上的付出都是不值得的。）

4.做一名理智的读书者

在综合性的书店中，同类的书目往往有好几种，这时候就需要头脑清醒，经过一番比较之后再做决定。千万不能看到什么买什么，这样的结果往往是费用大大超支，重复的东西也比较多。比如说有关英语复习的书，往往会有许多版本，而且内容也大同小异，只不过有些解释更详细一些，有些解释简单一些；有的侧重基本知识点的讲解，有的则侧重难点、重点的解决；有的注重打基础，有的则注重提高。还有，同样是一本小说，有的是原著，有的则是简缩本，还有的是图文并茂，这时候就需要根据自己的具体情况来选择适合自己的版本。

读书、音乐是个好伴侣

我们也许曾见过这样的校园风景：一个很"前卫"的同学带着耳机看书（看样子应该是在听音乐），这时我们往往会在脑袋里划一个问号：这样子能看进去吗？有时我们还会暗自嗤笑一声：嘿，装什么样？想玩就玩呗！事实是否真如我们想得那样？

许多研究都表明，只要配以合适的音乐，是利于提高学习和工作效率的，比如有许多企业中在工作间或办公室里工作时间都会播放一些音乐，结果也表明这样确实能提高工作效率。当然人与人之间也有个别差异：

1."一心一意"型：有些同学干任何事情都要一心一意，一旦有其他事情干扰就无法干下去，这些同学可能不太喜欢音乐来骚扰自己。但我们还是建议这类同学尝试在看书时尤其是在看课

外书时配点音乐。

  2.“三心二意”型：有的同学自控力比较好，虽然是在干事情，但听音乐不但不会影响做事的效率，反而会提高。之所以音乐如此受“三心二意”的同学欢迎，是因为音乐可以改变长时间学习的单调乏味。毕竟人的注意力是有限的，长时间干一项工作会使人产生疲劳感，工作和学习效率也会因此而降低。看书也是一样，尽管看自己喜欢的书不容易产生疲劳，但配上一些合适的音乐的确可以增添理想的氛围，使自己更能融入书中。

  是不是所有的音乐都适合用来做读书时的配乐呢？显然不是这样。一般说来，应当根据自己所看书的不同来选择不同的音乐：

  1.基调比较轻快的音乐比较适合于配那些文风较为活泼的文章，在看这类文章时可以配上《四季序曲》、《春节序曲》等。

  2.基调比较沉重的音乐比较适合于配那些带有悲剧色彩的文章，在看这类文章时可以配贝多芬的《命运交响曲》、《二泉映月》等。

  3.基调比较舒缓的音乐比较适合于配让人心旷神怡的美文、散文，在看这类文章时可以配上《天鹅湖》、《小夜曲》、《春江花月夜》等。

  当然，具体配什么样的音乐还要看自己的喜好。但一般认为那些节奏比较快、听起来比较刺激的音乐是不利于作为配乐的，比如摇滚乐、打击乐等。

  在配上音乐读书时要注意音乐声音不能太大，因为这时的音乐应该是作为背景，如果声音过大就会干扰读书，不但起不到促进作用，还会适得其反。最好的背景音乐是外放出来的，而不是随身听的音乐。这是因为随身听中的音乐几乎全部进入到听音乐者的耳朵里，并不能造成一种背景的效果，而外放的音乐则可以使音乐声荡漾在整个学习环境中，它的效果只是一种渲染作用，而不是贪婪地占据你所有的心理空间，这种背景音乐只是甘愿

"陪太子读书"，绝不会喧宾夺主。它的作用不是让你去听音乐，而是去提高你干其他事情的效率或增加情趣。千万不能弄巧成拙，音乐也没听好，书也没有看成。

好脑袋瓜不如烂笔头

俗话说"十个好脑袋瓜子不如一根烂笔杆子"，这就说明在读书时不要光眼动，手也要动。因为人的记忆能力和记忆的贮存空间都是有限的，人们在记忆新事物时，需要将以前记住的东西忘掉一些才能为新记忆的东西"腾出"心理空间来，以便于将新的内容放进去。但这样虽然可以将新的东西记住，却不可避免地又把旧的东西给忘了，有时候这些旧东西还是很有用处的，而一些新东西的用处则不大，这样就事与愿违，甚至很可能"抓了芝麻漏了西瓜"，得不偿失。而做读书笔记正可以克服看书时的这些不足，笔记可以把你想记住的东西用文字的形式记录下来，这样即使有些东西过后忘记了，还可以查阅笔记。

那么，是不是所有的东西都要用笔记的形式记下来呢？

显然不是这样的，而且也不需要这样，记笔记也要本着"有所为，有所不为"的原则：

1. 记什么

在"记什么"的问题上，我们应当着重记那些自己感受深的，对自己有启发意义的，而且语言简练、优美的句子或段落，比如格言警句、名人名言。更重要的是，由于课外阅读并不像听老师讲课那样受制于讲课的速度，必须一步步紧跟。在课外阅读中，完全可以按照自己喜欢的速度来阅读，这时我们就有充足的时间将自己的所感所想记下来。俗话说"学而不思则罔"，说明读书时思考的重要性，这在课外阅读中同样重要，而且这时所记的往往是自己的真情实感。

2.怎么记

在"怎么记"的问题上，有的同学喜欢随看随记，有的同学则认为这样会打断看书的思路，他们更喜欢在看完后再仔细回味，然后根据自己的回忆或再把书翻一遍找出自己喜欢的记下来，也有的同学在选择后一种方法时是预先在看书时用笔写写画画，然后在看完后再将当时做好记号的内容记下来。可见，做读书笔记的方法有许多，并没有统一的定律。我们可以根据自己的读书习惯选择适合自己的方法，有的同学觉得自己的灵感来得比较快，但忘得也比较快，那么就可以采用边看边记的方法，有的同学认为边看边记会干扰自己的思路，那么就可以先读书，然后再回过头来做笔记。总之记无定法，只要是自己喜欢的、适合于自己的就可以。

一目十行读书法

作为课外娱乐活动之一的读书是一种课外阅读行为。课外阅读与课内阅读不同，课内阅读主要是精读，着重于对少量内容的理解、背诵和掌握上，所以课堂上教师往往会不厌其烦地对每一个细节都进行讲解。这在课堂上是可以的，因为我们一个学期才学习 30 课左右，学习一篇字数只有 2000 左右的课文可以花去几天的时间。但在课外，由于可供我们阅读的书多得惊人，我们的时间相对来说又是有限的，不可能把浩如烟云的书海游遍，其实即便是我们很喜欢的书也够我们用尽毕生精力去读它，这显然是不切实际的。

同时，我们所处的是一个信息爆炸的时代。有人说 21 世纪将是一个信息时代。在 21 世纪，信息就是金钱。21 世纪我们所面临的问题不再是信息不足的问题，而是怎样利用信息的问题。这时候提高自己的阅读速度和信息采择的能力就显得尤为重要，这

实际上就是提高读书效率的问题。那么，如何才能提高自己的读书效率呢？

1.排除速度质量不可兼得的顾虑

提高读书效率所遇到的首要障碍就是有的同学担心读书速度提高上去之后无法保证质量，也就是说不能很好地理解所读的内容。

心理学家对于这个问题的看法是可以排除这种顾虑：许多人认为只有一边慢慢读书，一边慢慢地去体会书中的内容才能很好地理解，就好像一边吃东西一边细细地品尝滋味一样；但事实并非如此，而是读书的速度越快，理解得越好，尤其是对内容的整体把握越好。

我们也有这种体会，就是如果我们沉溺于文章中的每一个细节，去钻牛角尖，那么我们往往不能很好地把握文章的中心意思，相反，如果我们能快速地将文章读完，那么就容易对文章的中心思想形成一个总体的概念。这一点是可以理解的。因为一篇好的文章往往会是一个有机的整体，它的意义是通过上下文之间的联系体现出来的，而不是看几句话就能把握的。"横看成岭侧成峰，远近高低各不同"，就是说如果从不同的角度去看一篇文章就会得到不同的理解，甚至有时候会得到片面的理解，"只见树木，不见森林"。就像登山一样，如果能一步步尽快地登上山顶，而不只是留恋半山中的点滴景色，就能"一览众山小"，把整座山的面目看清楚。

2.把眼睛瞪大点

阅读心理学的研究表明，在读书时我们会面临一个两难抉择：我们既想看得慢一些，以便于看清楚书上的每一个细节，同时我们又想快一点，以便于在同样的时间里能读更多的东西。眼动研究表明，在正常的阅读速度下，眼睛横向地注视一个阅读单元的时间是 0.2～0.25 秒左右，从一个注视点转向另一个注视点所需的时间是 0.022 秒，而从上一行转向另一行所需的时间是 0.

44 秒。可以看出，在一定时间内，眼睛在一个注视点上停留的时间越少，所注视的内容越多，并且从一个注视点跳到另一个注视点或从一行跳到另一行所需的时间越少，都会提高阅读的速度。

我们通常的读书方式有三种：点式阅读、线式阅读和面式阅读。

（1）点式阅读。

以一个字或一个词为单位阅读，也就是说这种阅读方式每次只能注视一个字或词，或者说眼睛停一次只能看到一个字或词。毋庸置疑，这种读书方式的视觉广度很小，用这种方式读书的速度也会很低，读书效率也就徘徊在很低的水平。

（2）线式阅读。

以词组或单句为单位的阅读，也就是说用这种方式阅读时眼睛一次能注视几个字词、一个句子甚至一行，这样视角的广度就大了，读书的速度也相应提高上去了。

（3）面式阅读。

眼睛每一次都能同时注视几行，这时的阅读就是以行或段为单位了，面式阅读中，眼睛不需要左右移动，只需要在上下行之间上下移动，也就是说好像在竖着读，这就是我们通常所说的"一目十行"。

点式阅读由于是逐字逐词地读，所以速度较慢，但却容易注视到每一个细节，有利于深入理解词义；线式阅读由于是以句子为单位进行阅读的，着重理解句子，所以这种阅读方式的速度会快一些，但是往往会忽略掉一些信息；而面式阅读注重的则是一些关键词，侧重整体意义的理解，所以用面式方法阅读时其效率也会比较高，但也更容易忽略掉一些细节信息。

我们可以根据自己阅读目的的不同选择不同的阅读方法，比如所读的文章比较难时，我们可以用点式的方法来阅读，这样就能注意到每一个字和词；而如果我们所读的材料比较简单，这时就可以用线式或面式方法来阅读，这样可以提高阅读速度，而且

忽略掉某些信息也不会影响我们的阅读和对文章整体的理解。实际上课外阅读大部分情况下都可以用线式或面式方法来进行，因为我们自己喜欢读的东西一般不会太难，这样可以提高阅读速度，在较少的时间内读更多的东西。当然有时候虽然材料比较简单，但我们对这篇文章的用词、语言比较感兴趣，这时也可以用点式方法来细细品味。

3. 读书大跃进

（1）减少发音动作出现的频率。

我们前面说过，阅读比较简单或比较优美的文章时可以采用点式的一字一词的阅读，但有些同学却习惯于使用这种方法，无论读什么样的文章都要一字一句地读，这并不是因为他们就只能一个字一个字地看，而是因为他们在阅读时有各种各样的言语活动，眼睛的注视点必须等着大声读出这些字或默读出这个字或词时才能移向下一个字或词，这样的读书方式速度极慢，每分钟只能读 200 个左右的字。

曾经有一位初中一年级的同学，他在一次考试时嘴里嘟嘟哝哝不停，监考老师让他闭上嘴，他闭了一会儿嘴之后，愁眉苦脸地告诉老师："老师，我闭上嘴就读不下去了"，这位同学就是典型的只有出声才能阅读的那种。这种情况在小学时比较多见，因为我们一上学老师就告诉我们要朗读，于是我们就习惯了大声读，小学生尤其是小学低年级的学生读课文的时候我们会觉得他们是在用吃奶的劲读，有时候读下一篇课文来会紧跟着阵阵咳嗽声和喘气声。但一般到了小学高年级这种情况就比较少见了，大部分同学都学会了默读。

作为中学生我们应该养成默读的习惯，摆脱出声言语的干扰，提高阅读速度。我们可以尝试采用如下方法来训练：

第一，尽量做到不出声。

第二，要尽可能地避免唇、舌、齿、喉等发音器官的活动，可以有意识地闭口、合牙，尽量只用眼睛来完成读的动作。

第三：排除声带的潜在语言活动，由眼睛感知后，直接将信息传给大脑，也就是变用嘴来阅读为用眼来阅读。

（2）避免来回阅读。

有许多同学之所以阅读速度慢还因为他们有眼睛在一个注视点上来回徘徊的不良习惯，这些同学好像不相信自己已经读过某一部分内容了，总是不放心地来回看，这样不免会降低阅读的速度。对于这个问题，我们可以采用如下方法进行纠正：准备一张不透明的硬纸板，在读书时读完一行就立即用纸板把这一行盖住，并去阅读下一行；同时，还要有意识地加快阅读的速度，用纸遮挡时挪动纸的速度也要快。经过这样的反复练习就可以矫正"不放心"的习惯，继而提高读书的速度。

（3）提高思维的速度。

其实我们看书的过程是一个相当复杂的过程，除了我们所知道的通常的眼、手、嘴等感觉器官的活动之外，还需要调动记忆系统、信息加工系统、信息存储系统、信息输出系统等。也就是说，我们看书的过程实际上是一个看、思、记相结合的系统过程，这个道理古人已经知道了，"学而不思则罔，思而不学则殆"，讲的就是这个道理。

从生理和心理学的角度来说，如果思维敏捷，理解迅速，则眼睛停在每一个注视点上的时间就会短一些，眼睛从一个注视点跳到另一个注视点所用的时间也会少一些；反之，如果思维迟钝，理解缓慢，眼睛停在每一个注视点上的时间和从一个注视点跳到另一个注视点上所用的时间也会多一些，阅读速度自然就会慢下来。

这种情况在读不同难度材料时表现得尤为明显：那些比较浅显易懂的材料读起来会比较快一些，而难度较大的材料由于理解起来需要做思考，阅读的速度会相对慢一些。所以在训练阅读速度时，不能不注意思维敏捷度的训练。但是要做到这一点，除了要进行一般思维敏捷性、灵活性的训练之外，还要注意丰富自己

的生活经验，增加自己的生活阅历，拓宽自己的知识面，并有意识地去增加自己的识字量和词汇量。况且我们还想做读书笔记，为自己留下一笔财富。

当一会儿作家过把瘾

在 2001 年的高考中，江苏省的一名理科考生用娴熟的白话写了一篇《赤兔之死》，技惊四座，其深厚的白话文功底令阅卷老师连连叫好，南京的一所名牌大学已经决定破格录取他。这位考生自己介绍说，他很喜欢在课外读一些用白话文写的古典名著，比如《三国演义》、《红楼梦》、《水浒传》等，而且他平时酷爱听评书，并喜欢记评书中的一些很经典的话语。在作文时他喜欢用白话文写作，自己平时也喜欢写诗、填词等。正是平时的这种自我训练，成就了他在高考中的出色表现，作文得了满分！很显然，这位同学的成绩并不是在课堂上训练出来的，而是自己喜欢在课外读白话文的爱好使然。说到这里一定有许多同学心动了，何时才能看到自己的处女作呢？到底怎样才能在写作上小有成就呢？哪天才能在某一份读物上看到自己的名字呢？想想好多同学羡慕地围在一起看一篇文章，在文章作者处赫然印着自己的名字，那该是一件多么幸福的事情！

古人说得好，"熟读唐诗三百首，不会吟诗也会吟"，还说"读书破万卷，下笔如有神"，可以看得出，要有一手好的文笔，首先必须给自己充电。

一说到读书大家可能会想到"头悬梁，锥刺骨"的痛苦，在 21 世纪的今天如果还使用这种残酷的方法无疑也太愚蠢了。当然我们并不否认"书山有路勤为径"，但"勤奋"并不是痛苦的代名词。

1. 娱乐即学习

实际上我们在课余时间可以随时随地进行阅读，课外的阅读材料无处不在。比如看电视时，电视中就有许多值得我们学习的东西；看报纸时，报纸上的许多素材都可以为自己活用的；跟人谈话时，他人的一些精言妙语也是我们不错的写作素材。

2.注重积累

我们不妨借鉴一下有的同学的做法，这些同学很注意积累名人名言、古诗词等，只要一见到就如获珍宝，用专门的笔记本记下来以备将来之用。这不失为一种积累写作语句的好方法。

3.体验生活

但是光有好的语句是不够的，好的文章并不只是一堆华丽辞藻的堆砌，而是有好的思想。在小学阶段，到野外去旅游都被视为一种阅读方式，这是在阅读大自然，可以锻炼我们的观察能力。在初中阶段这一点还是适用的，所以我们平时应当注意观察，对周围事物保持较高的敏感性，一个关心世事的人写出的文章才有真情实感，俗话说"世事洞明皆学问，人情练达即文章"，好的文章素材来自于生活，来自于自然。我们国家老一代作家都提倡深入生活去寻找素材，他们说最好的故事就在人民的身边，否则就只能是闭门造车。所以我们既需要博览群书，更需要多观察自己身边的人和事，"巧妇难为无米之炊"，多去体会一下生活，从生活中寻找自己写作的素材，只有这样才能真正提高自己的写作能力。

现在已经有了好的素材了，一下子就能写出好的文章来吗？答案显然是否定的，优秀的作家都是经过不断的磨炼才拥有一只可以作武器的笔杆子的，所以下一步的任务就是要写。

4.持之以恒

要练习写作首先要有恒心，一曝十寒，三天打鱼、两天晒网是不会写出一手好文章来的。要维持一种坚持写作的恒心，可以为自己制定一个切实可行的计划，以及对计划实施情况的监督和奖惩措施，比如三天写一篇文章，字数大约在 1000 字，如果完不

成就惩罚自己，可以吃饭时少吃一些，或者像耶稣教徒一样忏悔一下，或者限制自己去干一些自己平时很喜欢的活动；而如果成功了，那么就奖励一下自己去看一场自己特别喜欢的电影或吃一只自己平时不舍得吃的雪糕。

5. 走好第一步

写文章要由简到繁，不能一下子就想写出骇世之作来，要从最简单的写起，一开始对自己的要求也不能太高，刚开始可以尝试写一些日记、小杂文之类的没有什么严格要求的文章，然后再逐渐写一些要求比较高的文章，比如议论文，甚至是写一些小诗歌。

6. 他山之石，可以攻玉

要善于同其他同学交流自己的经验体会，并学习其他同学的一些有益的经验。交流的过程也是一个自我提高的过程，在交流中其他同学会向你提供一些有益的建议，对你文章的修改和完善是很有益处的。还有一点是很重要的，那就是要积极地向老师以及有经验的作家请教，寻求他们的指导。当然如果有条件的话向名作家请教是最好的了，他们的经验是一笔无价的财富。

7. 登大雅之堂

最后还要尝试发表自己的文章，"奇文共赏析"，只有发表了才能得到更多人的反馈，自己所付出的努力才会得到回报。通过发表自己的"大作"，我们也能从中得到一种积极的强化，增强自己的自信心。因为能够在刊物上发表说明自己的写作能力已经达到了一定水平，也可以是用"小作家"来称呼自己了。

第四章　学生音乐娱乐安全知识

　　音乐是人类的一项杰作。音乐的出现是人类进步的体现，更是人类文明的一个重要标志；音乐的出现还是人类重视生活质量、重视精神生活的一个反映。

音乐是提高人修养的一种方式

音乐是人类的一项杰作。音乐的出现是人类进步的体现，更是人类文明的一个重要标志；音乐的出现还是人类重视生活质量、重视精神生活的一个反映。人类社会发展到现在，音乐已经成为生活中必不可少的一部分，许多家庭都购置了高档音响，每天都放轻音乐，而在现代企业管理中音乐也被作为一个很重要的部分加入到管理层的管理理念中去。在一些工作车间里放音乐已经不是什么新鲜事，而且有人发现如果在大型的购物商场中放轻柔的音乐会减少顾客的疲劳感，这样就可以延长他们的购物时间，提高他们购物的几率，继而增加营业额。现在也有许多学校尝试在上课时用背景音乐，教育者认为这样可以保持学生上课的注意力，减少单纯讲述的枯燥性，不知道大家有多少能享受到这种待遇。

那么，音乐具体有哪些功能呢？

1.音乐可以放松或紧张的情绪

我国著名的跳高运动员朱建华在每一次比赛前都要带上耳机听一会儿音乐，实际上他就是利用了音乐可以缓和紧张情绪的作用，对自己进行心理调节，使自己达到最佳的情绪状态，从而有利于自己的发挥。从中我们也得到启示，不妨在自己紧张的时候听上一段音乐，比如考试前、参加运动会等比赛之前。

2.音乐是提高人修养的一种方式

音乐的优美旋律及节奏，会透过右脑的直接接收而渗入我们的潜能中，这些潜能会影响我们大脑的运作，进而影响我们的行动、表情、声音及语言的运用等等。所以常听音乐的人，不论他的外表如何，他的动作、姿态、表情、声调及语言，都会不自觉地流露出音乐固有的旋律及节奏，因而显得较有气质，也就是说

音乐不但会缓和人的情绪，对一个人气质的养成也有很大的帮助。它可以提高一个人的艺术水平、修养水平，而且也是一个民族素质的体现，比如某外国交响乐团在第一次为中国听众演奏时，一开始演奏我们就会鼓掌，到了高潮处还会热烈地鼓掌，这便把整个气氛给打乱了。但随着中国听众听音乐次数的增多，水平也不断地提高，尤其是近几年，很少会再出现中途鼓掌的现象了，这也表明我们的国民素质在逐步提高。

3.音乐还可以锻炼大脑的思维能力

音乐家和作曲家在创作音乐作品时总是用一般人看不懂的音乐符号进行思考，这种思考不受语言逻辑的限制，也就是采用一种不同于一般的逻辑性的思维方式。这种思维不是垂直的，而是水平的甚至是很散漫的、多维度的。人们常说音乐家有时候是疯子，但这并不意味着这是一种混乱的、毫无意义的思维，相反，这是一种理性的思考，这种水平的思考会深入右脑中，影响大脑的运行方式，就像经常做数学题可以锻炼逻辑思维能力一样。经常听音乐也可以锻炼人的横向的、水平的思维能力。音乐的影响通常都是潜移默化的，我们常称音乐为右脑教育，把右脑称为音乐脑，原因就在于此。

4.音乐养生

还有人指出，音乐不仅是一种娱乐活动，更是一种有效的保健养生方法，具有生理作用、心理作用和社会适应等多方面的治疗效果。在生理作用方面，音乐可以调整睡眠，缓解疼痛，协调神经生理功能，提高全身生理运动功能；在心理方面，音乐可以释放消极情绪，引导身心放松，改善注意力、判断力和记忆力，振奋精神，寻找自我美好体验，纠正不良行为，完善健康人格；音乐还可以摆脱孤独，沟通人与人之间的关系。

心动了吧，还愣着干吗？听音乐去！

音乐娱乐也有门道

正如忙碌的现代人太需要放松，我们更需要一个伸伸腰、喘口气的机会。我们的选择很多，但一种不错的选择是：不妨听一听音乐。对大多数人来说，音乐是用来娱乐的，所以选择音乐作为自己娱乐的方式就要依自己的兴趣听音乐，绝不能勉强听些不喜欢的曲调，以免带来负面效果，继而造成压力。一般而言，除了那些格调低俗、品味平庸的音乐之外，几乎所有的音乐都可以作为自己的娱乐伴侣。

1. 在打算休息时，不妨选择具有催眠作用的音乐：比如孟德尔松的《仲夏夜之梦》、莫扎特的《催眠曲》、德彪西《钢琴前奏曲》、中国民乐《春江花月夜》。

2. 在压力比较大，甚至有些焦虑时，不妨选择具有舒缓压力作用的音乐：比如艾尔加的《威风凛凛》、布拉姆斯的《匈牙利舞曲》。

3. 在情绪比较压抑、低落时，不妨选择具有解除忧郁作用的音乐：比如莫扎特的《第四十交响曲 B 小调》、盖希文《蓝色狂想曲》组曲、德彪西的管弦乐组曲《海》、中国民乐《喜洋洋》、《春节序曲》等。

4. 在长久学习之后，感觉比较疲劳时，不妨选择一些具有消除疲劳作用的音乐：比如比才的《卡门》以及《拉德茨基进行曲》等。

5. 振奋精神：贝多芬的交响曲《命运交响曲》、博克里尼的大提琴《A 大调第六奏鸣曲》。

6. 增进食欲：穆索尔斯基的钢琴组曲《图画展览会》。

7. 缓解悲伤：柴可夫斯基的第六号交响曲《悲怆》。

当然，有的同学更喜欢听一些歌曲，这并非不可以，但需要

说明的是，如果你是在干另一项工作，只是将听音乐作为一种调节方式，那就最好不要选择歌曲，因为歌曲有词，这些词在进入大脑的过程中需要大脑进行有意识地加工，这无疑会影响正在干的工作或学习。如果你就是要专门听音乐，那就放飞自己吧！只要自己喜欢！

其实各种歌曲也有不同的作用，甚至每位歌手的歌都有可能给你带来不同的感觉，每个人可能都会有自己喜欢的音乐和歌手，而且很可能歌手的性格与爱好与你的性格与爱好一样，这样你们就能产生更多的共鸣，而音乐和歌曲又将你们联系在了一起。但是你需要明白，你是喜欢他（她）的歌还是喜欢他（她）的人。

听音乐一样需要很好的环境

好多中学生都认为听音乐不就是玩吗，随便找个地方或者随便打开一个随身听就足够了。但实际不是这样的，听音乐是一种审美活动。高尔基说过："照天性来说，人都是艺术家。他无论在什么地方，总是希望把美带到他的生活中去。"听音乐一样需要很好的环境。

1. 听现场音乐会

听音乐最理想的还是到现场去听，从现在做起，从自己的零花钱中省出点来去现场听音乐，那将是一种莫大的精神享受。听现场音乐的最大好处就在于可以充分利用各种感官，所以这时候我们与其说是听音乐还不如说是欣赏音乐，因为这时候光听是不够的，我们需要调动浑身上下所有的感官去捕捉尽可能多的信息。不过小心了，动作不要过大，听现场音乐是有学问的。

（1）穿着尽量正式，最好不要穿拖鞋、背心、短裤、迷你裙等。

（2）进场时要安静，不要大声喧哗。

（3）不要在音乐演奏过程中鼓掌或叫好，听京剧的一些习惯绝不可以张冠李戴套用到听现场音乐会中。

（4）如果指挥示意拍手，那么一定要按指挥的节奏拍。

（5）对于自己听不懂或觉得没有意思的演奏也要表示出理解，不要吝啬自己的掌声。

（6）不要吹口哨。

（7）退场前要鼓掌以示敬意。

当然，如果是去听某位歌手、某个乐队或某个主题的演唱会，情况可能会有些不同，在演唱会上你可以更自由些，但是也不要做出越轨的行为来。

2. 利用家中的音响

到现场去听原创音乐虽然是一个最好的选择，但中学生的学习安排往往会比较紧，而且现场音乐会的价格往往不菲，中学生作为没有任何收入的群体，不可能每一次都要去现场听音乐。但也不用着急，另一种比较不错的选择是利用家里的音响器材。用组合音响听音乐也是一种不错的选择。在放学之后，放下书包，沏上一杯茶，找一个舒服的地方坐下，打开音响，听上一段自己心仪的音乐，这是一种多么美好的享受！用音响听音乐同样也是一项审美活动，而且里面也有许多学问。

（1）用音响来听音乐具有一定的审美价值：它既可以给你带来听觉上的愉快、情绪上的满足、心灵上的抚慰和对欣赏者各种审美趣味的适应，又可以培养你的审美能力，引导人的审美心理形成，鼓励人不断地去探求和追寻美好的事物。

（2）为自己创造用音响来听音乐的良好条件：良好的软件和硬件是用音响来听音乐所必需的，它们是提高声音质量标准的前提。

硬件：良好的硬件可以保证对原声的准确还原，当然也有的人喜欢用音响器材来调整声音，以便于达到自己的个性化要求，

比如有些同学喜欢打击乐的声音，这时就可以主动地调整一下音响器材，满足自己的要求，还有的同学喜欢低音效果，良好的音响器材同样可以满足大家的要求。

软件：良好的软件就是指 CD、VCD 等音乐载体的质量比较好，因为它们也会直接影响音响中发送出的音乐的质量，软件本身的质量高低除了受制于录音、制作的产品品质外，还受录音环境、乐队与录音设备的位置安排是否合理，录音技术，录音师的音乐素养等的影响，不好的软件其音乐效果将会被严重扭曲，甚至改变原作品的审美价值。我们都有这种体会，本来心情比较不错，比较喜欢听某一首歌，但如果一打开音响时听到的是一团杂音，这时往往会降低这些音乐作品在我们心目中的价值。

值得注意的是，大部分充斥着不和谐音符的音乐都是盗版的，盗版音乐不仅会危害音乐制作人和歌手的利益，而且对自己的素质和听音乐的效果也是一个考验。听正版音乐从我们自身做起！

（3）音乐环境：音乐环境在获得高质量的声音欣赏效果上的作用甚至超过了器材。这是因为，一方面聆听环境对声音传播的频率响应、混响时间、泛音结构、声音风格的表现都有影响，关系着器材效果的发挥；另一方面聆听环境的舒适性也能对聆听者的审美情绪、审美感受带来影响。这一点我们在后面还会讲到。

（4）情绪状态：聆听时的个人情绪是造成音响审美的情趣来源，并将左右声音欣赏的感情变化，使审美心理集中于某些音乐要素，形成联想，加强或削弱对它们的审美作用。古人说："感时花溅泪，恨别鸟惊心"，还说"人逢喜事精神爽，月到中秋分外明"，这说明情境对人的情绪具有很大的影响力。比如我们在特别高兴时听一些比较哀怨的音乐就会影响我们的这种情绪，而如果我们在心情比较沮丧时听一些轻快的音乐则可以提高我们的情绪状态，这些我们在前面已经说过，不妨参考一下。

3. 个性音乐

有的同学喜欢自己一个人用随身听或 CD 机听音乐，这是一个自己的世界；还有的同学喜欢用外放器将音乐放出来，与大家一起共享，这是因个人的喜好而异的，并无什么特别的要求。在某一所中学毕业前的一个课间，一名平时不太爱说话的男同学用自己的一台小收音机放了一首电台正在播放的孟庭苇的《你看你看月亮的脸》，那时候全班立即鸦雀无声，最后大家竟然相拥而泣。这位同学正是利用了即将毕业时大家难舍难分的心情，将孟庭苇略带悲伤的歌声与当时的气氛融为一体，给大家带来了一种意想不到的效果。

可以看出，听音乐虽然只是一种娱乐活动，但里面还是有很多值得探究的东西。无论是到现场去听音乐还是自己带上耳机自娱自乐，都是一种欣赏音乐的活动，并不是说只有到现场才是有"欣赏水平"，有"品味"，只要是根据自己的各方面的情况，选择自己所喜欢的，适合自己特点的都是一种欣赏音乐的行为。

如何营造听音乐的环境

前面我们已经间接提到了听音乐的环境问题，但主要还是从音乐载体方面来看的，下面我们再来看一下听音乐需要绿化哪些外部环境。

1. 浓妆淡抹要注意

在西方，人们把听音乐看作是一项很神圣的活动，所以必须穿戴整齐，不能很随便地去听，否则会被人们认为是一种不礼貌的举动。人们在听音乐尤其是去公开场合听音乐之前都会精心打扮一番，衣服、帽子、首饰、鞋都要与即将上演的音乐格调一致，其认真程度不会亚于去参加一次重要的会议。虽然这种方式带有一些礼仪色彩，但里面还是有一定的音乐审美道理的。在国外参加一些高档音乐会时，组织者都会对人们的衣着、行为举止

提出一些要求，以便在演出和欣赏中创造良好的气氛，提高审美的效果。大家假想一下，如果所有的音乐演奏者穿的衣服都是五花八门的，那么我们听音乐的心情也会改变。除了去现场听音乐需要一定的服装打扮外，即使在自己家里听音乐也要注意一下自己的穿着，当然这需要根据自己的习惯和音乐的情调等有所变化，并无统一的定律，只要稍加注意就可以了。有的同学喜欢在听音乐前洗一个澡，有的同学则喜欢在听音乐前化一化妆，这些都有自己的特殊功效。

2.乱花不能迷人眼

听音乐时的视觉环境也是很重要的。所谓的视觉环境包括听音乐时场所中的各种器具的安排、光线的强弱、色彩的搭配等。在音乐场所的器具安排上，一般说来，器具不宜过多或者过于杂乱，也不宜过于突出，这样往往会影响视觉注意力，继而影响听觉效果。光线对听音乐时的情绪也产生影响，强光使人焦躁不安，弱光使人平静安详。所以，光线的强弱对你的主观听觉的影响很大，在柔弱光线下欣赏音乐时，视觉干扰少，容易投入，产生联想；强烈光线下人会感到不安，不适宜进行音乐欣赏。这也是音乐会很少在白天或照明极亮的场合举行的缘由，柔弱的光线环境，视觉干扰少的场合适于欣赏音乐。另外，不同的色彩给人以不同的感受，比如红色象征热烈、奔放，蓝色象征忠诚、宁静，紫色象征权力、华贵，绿色象征希望、和平，白色象征纯洁、高雅。不同的音乐配以不同色彩，会使人产生不同的情绪体验和音乐情绪基调，比如在放《中华人民共和国国歌》的时候人们自然地会选择红色来表现《国歌》的雄壮有力，而在听《天鹅湖》时人们也会选择蓝色、淡黄或淡绿来表现天鹅的幽雅、宁静；在听《牧童短笛》时人们通常会选择橙色或绿色来表现牧童的欢快、活泼，而在听《二泉映月》时人们也会选择黑色来表现阿炳的悲伤、凄凉。除了色彩以外，图案也可以作为听音乐的辅助工具，有时会起到想不到的效果，比如在听《高山流水》时如

果能借助现代化技术手段看一部关于山水的自然风景片，那将是一种情融于景，景中带乐，乐中有情的和谐画卷。

鉴于器具的摆设、色彩、光线等对人类的主观听觉的影响，所以自己卧室内的装饰必须予以注意。如窗帘、灯饰对光线强弱的影响，墙布、家具色彩的影响，室内器具的摆放整齐与否，墙地清洁与否，这一切都会对人的主观听觉感受产生一定影响，不容忽视。减少视觉干扰能使你获得更优美舒适的音乐享受。

自娱自乐，唱起快乐的歌谣

音乐的魅力无处不在，音乐的魅力无时不有。

我们前面还说过，娱乐本身还可以增强人际关系，音乐在这方面也有不错的业绩。古人常会以乐会友，试想一下，在一个风景秀丽的山顶，边欣赏音乐边浏览绝色美景，这是一种多么美好的享受呀。以乐会友，"乐"既可以是自己原创的，还可以是包装他人的。至于乐器，一把吉他、一根笛子就已经足够了；另外，别忘了找一块僻静的草地，一个彩云追月的秋夜，有草丛中的蛐蛐为我们痴情地伴唱，有晶莹的露珠为我们点缀纯真的青春……拉起朋友的手，和着原声的音乐，围起熊熊的篝火，此时此刻，我们没有私心杂念，没有学业的包袱，没有痛苦，没有眼泪，没有悲伤，没有恩怨，有的只是青春的活力，朋友的纯真友情，少年的不懈追求。

目前我们国家正面临优秀青少年音乐、电影、电视作品青黄不接的时期，现在学校里公开传唱的还是 20 世纪 80 年代甚至是 80 年代之前的作品，一首《让我们荡起双桨》在历史的长河里荡漾了将近半个世纪，送走了爸爸辈又送着儿子辈；一首《请把我的歌带回你的家》年复一年的作为红包送了十几年还在送，而中学生私下里唱得最多的还是一些成人歌曲，其中还有无聊文人所

炮制的文化垃圾，我们所谓的校园民谣也只是在大学校园里羞答答地开着，而在中学里则是千呼万唤就是不出来。实际上校园民谣在中国实际上只是大学校园民谣，难道中学生注定只能生活在知识的森林、文化的沙漠中？当一个个童稚未脱的中学生麻木地唱着"我的爱赤裸裸"、"爱爱爱不完"、"最近比较烦、比较烦、比较烦"、"十个男人九个坏，还有一个没人爱"时，不知中国的教育工作者、音乐工作者、有关部门的负责人、有志之士们有何感想？

来吧，跳起你的舞蹈！唱起快乐的歌谣！让我们一起走进花季雨季！

音乐好听但不能贪听

有的同学在听音乐时喜欢把声音开得很大，唯恐自己听不到，还有的同学觉得只有声音大了才能真正体会到音乐的魅力所在，实际上这都是不科学的。音乐的效果虽然与声音的大小存在一定关系，比如只有声音大到一定程度才能使人的耳朵听到，这时才能谈得上去"听"音乐，但是这不等于说听音乐时把声音调得越大越好，"过犹不及"。过大的乐音不但不会增强音乐的效果，反而会降低音乐的质量。更严重的是，声音过大会损害耳朵的功能，影响人的精神和心理状况。比如音乐的声音如果超过80分贝就无异于噪音，会使人产生烦躁不安、失眠、精力不足等症状。

大家一定听说过锅里的青蛙这个故事。一只青蛙被扔进一口滚烫的油锅里，但是这只青蛙竟然奇迹般地从锅里跳出来，相反，将一只青蛙放进一口盛有温水的锅里，这只青蛙会自由自在地在锅里游泳，而且它对慢慢提高的水温全然不知，最终的结果是这只青蛙葬身沸水中，因为等它知道自己处于危险中的时候已

经没有从水中跳出来的力量了。音乐也一样，如果是噪音的话，只要是我们能够听到的，我们就会立即想办法去逃避它，但如果是乐音，我们则会逐步地接受它；而且随着节奏的加快和音乐高潮的到来，我们往往会不自觉地将声音调大，这时候我们意识不到它已经足够大了，这就是一种很危险的状态。

过大的乐音同噪音一样会对人的生理和心理产生不良的影响，而且这种影响更多的是潜移默化的、隐性的、不知不觉的，所以相对噪音来说乐音有时候会更危险。过大的乐音对人的影响往往是过后才会显露出来，当人们正处于"人乐一体"的高度投入的精神状态中时，往往不会轻易地感觉到这种不良影响，但是在过后冷静下来就会逐渐地发现刚才所犯下的错误：头晕目眩、两耳欲鸣。但这时已经晚了，所以要预防此类事情的再次发生就需要防患于未然。

具体说来，可以采用如下办法：

（1）在听音乐的时候不要一开始就把声音开得过大。

（2）尽量在一开始就选择一个适合自己的音量，在听音乐的过程中尽量不要再调大声音，否则会产生一个恶性循环，声音越来越大，而自己又全然不知，这样的结果是危险的。

（3）听音乐的时间不易太长，听一段时间之后就要适当地休息一下，这样做就可以给耳朵一个放松的机会，有张有弛，这样就不会对自己的耳朵带来过大的声音压力。

听音乐是一件很轻松而又高雅的休闲娱乐活动，但物极必反，我们的各种器官还处于一个发育期，音量过大的音乐会给我们的发育带来不良的影响。善待音乐，善待自己，爱音乐更要爱自己！

预防戴耳机对听觉的损害

耳机是现代科技为便利耳听和人的享受而设计的听闻工具。

中小学生为了听音乐或外语都买来戴。近年来，在校园里、马路上经常可看到一些携带"随身听"单放机听音乐的学生。有的人为了不影响别人工作、学习，也戴耳机听收音机或看电视，非常着迷。这些都会影响听力而损伤耳朵。

临近期末考试了，于凤却得了头疼病，医生检查是神经衰弱。医生和学校了解，原来于凤迷上了摇滚乐。时时刻刻都在听，耳机一直插在耳朵里，有时甚至整天整夜的收听。家里人以为是学外语，其实是在听音乐。学校对此类现象一调查，这类情况还真不少。

微型录放机、收音机、电视机耳机的音量一般都在 85 分贝左右，听久了就会造成听力减退。戴耳机后，外耳道被紧紧扣住，高音量直接集中薄薄耳膜上，会使听觉神经紧张，久而久之造成神经系统紧张，会引起大脑皮层疲劳和过度兴奋。所以，常戴耳机应注意下面几个问题：

1.每听半小时，取下耳机休息一会儿。

2.尽量将声音开关调小，以防过度刺激耳朵，影响听力。

3.骑车、乘车、走路最好不戴耳机，以免造成交通事故。

4.上课时、做作业时，不听音乐，以免影响学习。

5.勤检查耳机有无杂音和故障，以防杂音污染。

第五章　学生电视娱乐安全知识

　　根据孩子的身心发展特点，家长指导孩子有目的、有选择、适度地收看电视，有利于孩子的发展。否则，便会给孩子带来诸多不利。

电视在孩子发展过程中的积极作用

随着社会的发展，电视已几乎进入每一个家庭。电视文化对人们的影响日益增大。电视传播的信息快捷、迅速，是人们及时把握社会发展脉搏的最佳途径。电视信息量大，涵盖社会生活的各个方面，人们可以根据需要，进行选择。因此，电视机已成为现代家庭生活的必备品，看电视成为现代人生活的组成部分，现代的孩子也避免不了电视的影响。

根据孩子的身心发展特点，家长指导孩子有目的、有选择、适度地收看电视，有利于孩子的发展。否则，便会给孩子带来诸多不利。那么，收看电视对孩子的发展有哪些益处呢？下面作一下详细的介绍。

1. 扩大了知识范围，开阔了视野，有利于孩子对知识的掌握、理解。目前，电视频道日益增多，中央的、各省市自治区的，有线的、无线的、香港地区的、甚至国外的，每一个频道的节目各不相同。古今历史、天文地理、现代社会生活、最新的科学动态、新闻、经济、电影、戏剧、娱乐、动画等等，节目的丰富性和快捷性是学生的教材内容远不能比拟的。电视通过图像来反映某一事物的过程，具有强烈的直观性，对于以形象思维为主的孩子来说，容易理解。电视信号图、声、文三者结合。能促进孩子多种感觉器官的同时活动，加强了知识之间的联系，便于孩子牢固地掌握某一类知识。

2. 丰富了学生的语言，增强了动手与模仿的能力，促进了智力的发展。孩子在观赏过程中，播音员规范、标准的用语，剧中人物的生动、丰富的对话，对孩子语言的发展有一种潜移默化的作用，增加了孩子的词汇，提高了造句能力。少儿节目中的小制作、小手工栏目，吸引了很多小朋友亲自动手去制作小玩具、小

模型，增强了孩子的动手能力。童话、科幻片促进了孩子想象力的发展。

3.使学生受到了思想品德教育。电视中涉及的道德内容，如惩恶扬善、尊老爱幼、奋发图强、积极进取等，对于孩子形成是非观念，提高孩子的道德认识都具有积极的作用。

4.有益于孩子的身心健康。丰富多彩的电视节目给孩子们带来了欢乐，他们经常是到高兴处，手舞足蹈，放声大笑。这对他们的身心健康无疑是有好处的。很多孩子通过收看电视喜欢上了文艺，他们的性格更加开朗。

预防现代"家庭杀手"——电视的伤害

当屏幕彩电进入寻常百姓家，人们的生活更美好了，足不出户，在家里就可观看电影、戏剧、电视连续剧，还能了解最近的天下大事。什么东西都要一分为二，电视好看，但电视机荧光屏的 X 射线对正处于发育阶段的青少年的辐射伤害更使人担忧。

小景正上初一，平时学习成绩还算不错，最大的嗜好就是看电视。家里换上大彩电，他更是常常为了一部电视连续剧看到深夜，尤其是武打片或故事片。因为他功课没耽误，家里父母说了几次，也就没再多制止他。可是到了初一后半学期，他的视力急剧下降，已由 0.4 降到 0.2，并且经常喊头晕、乏力，有掉发、失眠、健忘现象。父亲带他到医院一检查，是由于 X 射线的危害、看电视时间太长造成。

原来，电视机的荧光屏是靠高能电子束的轰击发光的，当阳极电压达到 20 千伏时，就在显像管上激出 X 射线，彩电的 X 光放射量相当于黑白电视的 20 倍，未成年人吸收量大于成人 2 倍，青少年受害甚大。而正在放映的电视机如果不慎将荧光屏砸破或弄碎则有像炮弹爆炸一样的杀伤力。

为了让青少年少受电视的伤害，应做好以下几点：

1.不要把手伸入电视机内，以防高压电击伤。

2.不要碰碎荧光屏，以免发生爆炸事故。

3.看电视要远离电视机，不要离荧光屏太近，20英寸彩电保持3.1米距离，25英寸彩电保持3.5米距离。看完电视洗脸，防电视灰尘沾染。

4.常饮绿茶能抗辐射，防止X射线的伤害。

5.常做眼保健操。

6.睡前不看刺激片。

7.合理安排时间，先完成作业后看电视，每次最多看1小时。

看电视的危害——儿童"电视病"

孩子若整日沉迷于电视中，不加以节制，又无人指导，会引起生理、心理异常，导致多种儿童电视病或行为异常现象。

1.电视自闭症。长时间看电视的儿童，大大减少了与同龄儿童玩耍及双亲交流的机会，久而久之就养成了不喜欢与别人交往的习惯。看电视成瘾的儿童往往注意力不集中，坐立不定，怕静心阅读作业，口头表达能力差。有的不适应幼儿园生活，恶作剧现象增多。有些孩子受电视节目的吸引，长时间沉迷于看电视，思维随着节目的展开而运行，情绪跟着剧中人跑；剧中人感冒，他打喷嚏。生活在电视世界里，远离现实世界，与他人缺乏沟通，这些孩子性格变得孤僻，以自我为中心。

2.电视矮小症。美国一组调查发现，凡每天看电视时间过长的儿童，身高比同龄儿童矮1～3厘米。因为长时间看电视，既大大减少了活动时间，又导致睡眠时间不足，脑垂体分泌的生长素也跟着减少，导致生长缓慢。

3.电视对孩子的消化系统、神经系统的不良影响。不少孩子

一边看电视一边吃饭，这样不好。殊不知，人在吃饭的时候，整个消化系统都在活动，大量的血液流入消化系统，消化器官非常活跃，一边作机械蠕动，一边大量分泌消化液，以保证正常的食物消化。如果这时看电视，眼、耳、大脑活动也都需要很多血液。这样就会引起对消化系统供血不足，减少消化液的分泌，消化器官便不能正常工作，久而久之就会发生消化不良、胃肠功能紊乱，诱发胃病。同样，也会由于大脑血液供应不足，造成缺氧，容易引起大脑疲劳，久而久之会导致目眩、头疼、神经衰弱等。饭后即看电视，也会出现同样的问题，对消化系统、神经系统产生不利影响。所以，在饭后 30 分钟再让孩子看电视为好。

4.电视脊柱症。幼儿骨骼刚开始发育，可塑性强，坐着或躺着看电视时间过长，就有可能使骨骼发育变形，使脊椎骨、胸廓发育异常。

5.电视脚痹症。长时间坐着看电视。两腿血管神经受压过久，肌肉缺少收缩与松弛，久而久之导致下肢肌肉营养不良，出现双足麻痹、酸胀等症状。

6.电视肥胖症。国外研究人员发现，看电视可加速肥胖。美国把因看电视太多而引起的孩子肥胖称为"电视肥胖症"。据统计，我国 13 岁以下的孩子中有 80 万患肥胖症，其中一个重要原因就是整日沉迷于电视，缺少活动，并在看电视时大吃糖果、点心等零食，造成热量过剩。

7.电视综合征。由于经常看电视持续时间过长，作息规律打乱，睡眠时间减少，用眼过度，有些孩子精神萎靡，食欲不振，视力骤减，眼睛干燥不适，特别是看完电视后，倒头便睡，兴奋没有平息下来，经常失眠、做噩梦。

8.电视眼病与光过敏症。看电视若距离小于 2 米，电视屏幕射出的光线容易伤害儿童眼睛内的晶体，从而引起近视眼。据报道，在日本某电视台，一部新的电视剧播放后，有 100 多名小学生看了该片后都不同程度地产生头痛、呕吐、眼睛红肿等症状，

医生诊断为"光过敏症"。这是由于该片中闪电、雷雨等强光镜头太多，加上播放时间过长所致。这家电视台停播了这套电视节目。

不要模仿电影电视中的惊险动作

电影电视屏幕中经常出现行侠仗义的武士，神力无比的斗士飞檐走壁、蹿房越脊、劈刺格斗等变幻无穷的惊险场面。有的同学信以为真，盲目模仿，这是很危险的。

要知道，电影、电视中的许多惊险动作都是假的，是靠电影、电视拍摄中特殊的技术制作而成的。如有的镜头是用倒拍技术拍摄的。摄影机反方向运转，先拍下武士从墙头上跳下的镜头，放映时正方向转动胶片，就会出现飞檐走壁的惊险场面；有的镜头是用专业人员做替身拍摄的，经过胶片的剪接和处理，放映时才会出现演员打斗的精彩场面；有的人物从高处一跃而下，其实他的身上系有钢丝，只不过不易被我们发现就是了；有的镜头是用变速摄影的技术，将演员格斗的缓慢动作拍摄下来后加快速度放映，使演员的动作变快起来，产生惊心动魄的效果；还有的是动画片，一些动作是常人无法做出的。

当然，也有些惊险动作是专业人员的真功夫，比如武警令人叹服的擒拿技术，但那绝非一日之功，是千锤百炼出来的。因此，同学们千万不要盲目模仿，以免酿成不该发生的悲剧。

孩子好奇心强，善于模仿，看到一切都感到新奇，什么都想试一试，由于思维分析能力水平低，家长若不及时指导，难免会使孩子产生不良行为。但孩子们不知道，这些盲目模仿，比如从高处跳下、上吊等，会造成不必要的伤害甚至酿成悲剧。

教师和家长要教给孩子这方面的知识，不要让他们模仿影视中的惊险动作。

科学地看电视，有益于健康

1. 确定正确的距离和姿势。家长应为孩子确定一个正确的看电视的距离和姿势，以保护孩子的眼睛和身体不受损害。

2. 电视机安放的高度。应在荧光屏中心与观看者的水平视线下3～5公分，避免因仰视或俯视而引起颈部肌肉疲劳。

3. 人与电视机的距离。人与电视机的视距应为电视机屏幕对角线长度的5～10倍，视距过近或过远，都易发生疲劳，使视力受到严重影响。例如，14英寸电视机的视距在1.85～3.7米之间就可以了，20英寸电视机的视距在2.55～5.1米之间。收看22英寸电视机的视距在2.85～5.7米之间。有些家长认为，彩电越大看着越过瘾，但是，如果家中房间小，大彩电会给孩子视力带来影响。因此，应根据自己家庭电视屏幕的大小和住房的大小，为孩子看电视确定正确距离。观看座位最好偏离荧光屏的正中线，成30度左右角度，以免荧光屏强光刺激，引起眼睛疲劳。

4. 选坐高低合适的椅子，同时注意姿势，切勿让孩子躺在床上或斜靠家长怀中看电视，以免引起斜视和脊柱弯曲。

5. 规定先后主次原则。家长应该为自己的孩子规定这样一条原则，即放学后先做作业后看电视，以完成作业为主。以看电视为辅。

6. 帮助选择电视节目内容并适时进行指导。家长应将电视作为促进孩子身心健康发展的教育工具，帮助孩子选择那些适应孩子特点、有利于培养孩子健康情操的节目，比如少儿节目、少儿文艺节目、少儿故事片、动画片等等。禁止孩子观看不适应孩子特点、有损孩子身心健康的节目。

7. 如果家长能和孩子一块看电视，并随时讲解一些有关方面的知识，适时加以引导效果更好。

8. 注意晚间不能让孩子看武打和带恐怖色彩的片子。因为，孩子神经系统娇脆，有的孩子看了暴力或有鬼怪形象的电视，促使大脑中枢呈现紧张状态，引起睡眠不安、做噩梦等症状，影响身心健康。

9. 发生矛盾，相互调节。多数家庭只有一台电视机，而家庭成员看电视的兴趣各异，爱好不一，发生矛盾在所难免。尤其是大人与孩子之间，由于年龄特点，看电视中的矛盾愈加突出，怎样处理呢？有适合孩子观看的节目尽量满足孩子的需要。

10. 限制时间。家长应对孩子收看电视的时间加以限制，平时少看，周末多看一些。到了该休息的时候，即使是家长自己特别喜欢的节目，也应"忍痛割爱"。或是陪着孩子看，或是等孩子睡了再看。看电视的时间不要持续太久，每隔一小时适当休息一下，做做眼按摩，起来活动活动。有的家长怕孩子干扰他们做事或图省心，专门找一些或录制些孩子喜欢看的电视片，让孩子长时间独自看电视，把电视当成保姆；还有的家庭晚饭后全家围坐在电视机前看电视，直到深夜，而孩子也跟着家长久久地坐在电视机前消磨时光，这些做法都不利于孩子的身心发展。孩子长时间看电视，会使眼睛疲劳，引起视力低下。坐的时间过长又会使脊柱弯曲。家长须知，孩子的身心需要在活动中发展，通过各种肌体、智力及人际交往等活动获得发展。若大量时间消耗在看电视上，势必占据其他活动时间，不利于孩子身心发展。另外，长时间开着电视，机器本身也受不了，生活中有因连续 10 小时开电视而导致电视机爆炸失火的案例。

11. 白天看电视，应用深色窗帘遮窗；晚上观看时，应开小灯，以免明暗反差太大影响视力。

12. 看完电视后要洗脸。因为荧光屏在电子束的轰击下会产生静电，静电对空气中的灰尘的吸引作用，使荧光屏周围空气中灰尘和微生物的含量大大增加，洗脸有益于健康。

第六章 学生旅游娱乐安全知识

现在许多中学生都喜欢在假期里外出旅游，这也是一种比较好的娱乐方式。旅游一方面可以调节一下平时紧张的学习生活，让自己熟悉一下久违了的大自然或感受一下朴素的民风民情，或了解一下丰富的文化遗产；另一方面，也满足一下自己好奇心。

做好出游的准备

现在许多中学生都喜欢在假期里外出旅游，这也是一种比较好的娱乐方式。旅游一方面可以调节一下平时紧张的学习生活，让自己熟悉一下久违了的大自然或感受一下朴素的民风民情，或了解一下丰富的文化遗产；另一方面，也满足一下自己好奇心。天下之大，无奇不有，即使在各种媒体发达的今天，仍有不少东西是用媒体所无法表达的，自己身临其"景"的感觉与在电视、电影中看到、听到的感觉是大相径庭的。

大家正处于一个身体迅速成长，渴望脱离原有生活体系的束缚，寻求自己的独立生活空间的时期，所以出去旅游的心理会更强烈，但是旅游尤其是外出旅游是一件乐中有苦的事情，不是说去就去了的事情。古人说："凡事预则立，不预则废"，旅游虽然只是一种娱乐活动，但道理是一样的。那么要旅游尤其是外出旅游要做好哪些准备工作呢？

1. 体力上的准备

旅游尤其是到边远地区去领略自然风光更需要有充沛的体力做保证，这就一方面需要提前做一些健身运动，另一方面也需要为自己储备好营养。所谓补充营养不是乱吃一通就可以了，而是要有重点地、有目的地给自己"加油"：

（1）水：要有充沛的体力和精神去旅游，首先要有水，水是生命之源，在旅游尤其是大运动量的旅游之前要先喝足够的水，因为在跋山涉水的过程中会大量地出汗，呼吸节奏的加快也会损耗身体中的大量水分。据统计，一个成年人运动一个小时就会丢失 1000～2000 毫升水分，中学生身体条件还不及成年人，水分的消耗量也会很大。所以，在旅游时要带上一定量的水，每隔一段时间就喝一点水。

（2）微量元素：在旅游中大量出汗、排泄和体力的消耗会丢失一些重要的微量元素，比如钾、钠、锌、铬等，所以在旅游之前还要着重补充一些这方面的元素。钠在许多食物中的含量都是很丰富的，尤其是一些带盐的食物；香蕉、橘子等亚热带产的水果中含有相对丰富的钾元素；牡蛎、牛奶、羊肉等食物的锌含量比较高，市场上也有专门的锌片；葡萄、蘑菇、菜花、苹果、花生等食物和水果含有丰富的铬元素，如果不能进食足够的富含铬的食物，就需要通过人造的铬胶囊来补充铬。

（3）维生素：除了要补充上面所说的这些微量元素外，我们还需要补充一些维生素，比如维生素 B_2 可以通过牛奶、绿色蔬菜、牛肉等食品来补充，当然也可以通过用复合维生素片来补充维生素 B_2；维生素 E 可以防止由于氧的大量损耗而对身体造成的损害和运动后的肌肉酸痛，但是维生素 E 是不能通过一般的饮食来得到充分补充的，只能通过服用一些人造的维生素来补充，现在见得比较多的是 800 国际单位的维生素 E 胶囊。

2.物资准备

在武装好自己的身体之后就需要考虑出游需要哪些外部物资了。

（1）地图：一张有关旅游地点的详细地图是必不可少的，尤其是第一次去，或者同游的人中没有人去过，或者没有专业的导游，这时一张地图就显得格外重要了。地图最好是最新版的，而且越详细越好。需要着重提醒的是，千万不能图便宜买盗版的地图。盗版地图不仅印刷质量差，更重要的是往往会出现一些致命的错误，比如标错了地点，路线划错了等，这对我们的旅游会造成很大的麻烦。我们国家就发生过因用盗版地图而导致走错路线，竟然掉下悬崖而命丧青山的刻骨铭心的教训，所以一定要准备一张正版的最新地图。而且如果能找到有关旅游地点的一些参考资料就更好了，这样你就可能提前了解到自己比较喜欢哪些景点，哪些景点比较安全，哪些景点需要自己带好预备物品等，这

些事宜我们在后面还会详细介绍。

（2）药物：外出旅游还要备好一些常用的和相应的药，比如感冒药、急性肠胃炎药、跌打损伤药、防暑药等。我们外出旅游的地点往往是自己以前没有去过的，或者是与自己生活的环境相差比较大的，这时候就特别容易出现水土不服等不适应症状，尤其是有时候天气和气候情况都不一样。而且许多旅游胜地都是天气变化无常，初来乍到很容易出现各种不适应的情况，而一些旅游资源的开发还不太成熟的地方医疗设备往往跟不上，一旦得了病，计划都得泡汤，这时候如果提前准备一些药就好得多了。

当然，除了带一些常用药之外，到不同的地区去旅游还要具体地带相应的药。比如需要坐长途汽车、轮船或飞机，并且以前有过晕车、船或飞机史的同学还需要带一些晕车、晕船药。到一些沼泽地区或者生物比较多的热带地区，还需要事先了解这个地方什么样的危险对象比较多，比如有的地方的毒蚊子比较多，有的地方毒蛇比较多，有的地方容易遭到毒老鼠的骚扰，在出游前备好相应的对付这些小动物的药就显得很重要了，否则到时候很可能在跋山涉水的过程中遭到攻击，前不着村，后不着店，得不到及时的治疗，这是很危险的。

（3）外出旅游可以带上一些具有医疗作用的食物，比如大蒜和辣椒。

传统的中医药理认为，大蒜性味：生辛热，熟辛温，具有温中消食、解毒除邪、攻冷积、杀虫的功效。现代医学研究则进一步证明，大蒜素可分解为二丙烯基三硫（大蒜新素），这是一种抗菌广、毒性小的植物抗生素，具有强烈的抗菌作用。看来，外出旅行时，带上点大蒜还是能百般受益的。而且大蒜在某些时候会发挥奇效，比如在上车前，将切好的大蒜小片贴于肚脐上，用胶布或伤湿膏固定好，就能减轻或预防晕车现象；在酷暑炎热中，将大蒜头捣汁用冷开水稀释滴鼻，不仅可以起到醒脑益神的功效，还可以预防中暑；长途劳累有可能导致流鼻血，这时候用

大蒜头捣烂成泥敷脚心（涌泉穴），能及时止血，据说，这样做还可以对付吐血；在游玩的过程中可能会吃一些当地的土特产，但是这些土特产中有一些卫生条件不过关，容易引起腹泻，这时可用一整个蒜头，捣烂成泥状，加温开水服下，症状很快就会消失；大蒜泥用开水合蜂蜜水送服，还能止呕吐；如果要防患于未然的话，可以每天吃3～5瓣生大蒜，连吃几天，能预防肠炎、腹痛、腹泻等。看样子，小小的大蒜用处还真不少，所以在外出旅游的时候不妨带上一点大蒜，说不定什么时候它还能帮上你大忙呢。

大蒜的一个好兄弟是辣椒，大蒜有这么多用处，辣椒也不甘示弱。辣椒味火辣，食用辣椒容易排汗，尤其是到高寒地带去旅游或者是冬季的冰雪游辣椒更能发挥作用。有些登山运动员登山的时候会带上一些辣椒，过一段时间就用辣椒烧汤来给自己加热，辣椒逐渐成了他们的必备品。如果我们是要去高寒地区旅游也不妨带上点辣椒。

（4）日用品：如果外出旅游时间比较长，那就要带好自己的日用品：毛巾、化妆品、洗漱品、吃饭用具、换洗的衣物，尤其是去一些与自己生活的环境相差较大的地方，需要带一些相应的衣服，比如冬季从南方到北方就需要带上御寒的衣服，而从北方到南方则需要带上自己夏天穿的衣服。即使是在冬季，如果从华北等不太冷的北方地区到东北等十分寒冷的地区也需要带上专门的御寒衣服。而到海滨去旅游的同学还需要把自己的泳衣、泳具带上以备用；准备冰雪游的同学还需要准备好自己使用惯的滑雪用具或滑冰用具；爬山的同学要带上爬山用的运动鞋和其他的用具，像绳子、拐棍等。这些东西最好能提前准备好，如果到目的地再买有可能会比较贵，而且也是一种浪费。有的旅游地点也会提供，但是穿在自己身上不一定合适。

（5）相机：外出旅游时相机也是必备的，美丽的景色、有意义的景点单纯用大脑是记不住的，带一台相机，把此情此景留下

来，作为将来的美好回忆。

好了，现在已经是万事俱备了，整理好行装，让我们出发吧。

回归自然前的准备工作

回归自然是近几年叫得比较响的一个口号，中学生尤其是生活在城市里的中学生更是对自然充满了一种急切的向往感。但是需要注意的是，回归自然很多时候是需要付出代价的，因为大部分自然风景都是在一些险要地带，这就需要我们在回归自然前充分做好心理上的和物质上的准备。下面我们就分不同的自然风景简单介绍一下如何做好回归自然前的准备工作，以及在旅游过程中可能遇到的问题和处理方法。

1. 沙漠旅游注意事项

在前面我们已经说过在旅游前一定要做好准备，其中就有有关旅游地点信息方面的准备，到沙漠地区旅行时这一点显得更重要。在众多旅游项目中，沙漠旅游是比较危险的一个旅游项目，尤其是那些还没有充分开发的沙漠地区，这时候就需要在出发之前尽量多地了解有关的信息，包括路程的远近、地形地貌的特点、气候变化特点、是否有危险的动物威胁等。水是生命之源，在沙漠中旅游你更能体会到这一句话的内涵。你需要足够清醒地知道在你的旅途中哪里有绿洲，哪里有水井与水坑，哪里有河流，是季节性河流还是非季节性河流，如果是季节性河流什么季节有水，水源之间间隔多远，一定要根据这些信息事先做好详细的行动计划。

（1）水。

到沙漠中旅游需要做的一项重要准备工作是沙漠旅游所必需的物资，其中最主要的就是水，虽然我们可以在沙漠中找水，但

那毕竟是一件很难的事情，所以最好能多带点水，宁愿少带点其他的东西也一定要保证有足够的水。当然，计划不如变化，往往是所带的水在旅程还没有结束的时候就用完了，这时候就得找了，在沙漠中找水的方法有很多：

①就地取材法：如果正好碰到一条正在流水的河，那是最好不过了，但是也不要急，看一下周围有没有小动物在喝水，以及河里有没有鱼。如果周围没有什么小动物的影子，而河里也没有鱼，这说明很可能河水有毒。有时候地表水是比较脏的，这时候可以利用冷凝法来过滤，具体的怎么用这种方法我们在下面介绍。但实际上在如蒸笼般的沙漠中找到直接可以利用的地表水的机会是很少的。

②自己动手法：在地势比较低的地方比如干枯的河床外弯的最低点、沙丘的最低点挖掘，运气好的话有可能挖出水来；还可以榨取沙漠植物的根部或茎部来获取汁液，但有一些是有毒的，这时候就需要小心；还有一种比较科学的方法是冷凝法：在沙地上挖一个直径一米左右、深半米左右的沙坑，在坑底下放一个大口的水桶或水罐，在坑上面罩一个大塑料袋，由于沙漠里的昼夜温差较大，如果是在夜里用这种方法，坑外的温度会低于坑内的温度，在坑里的空气和土壤迅速升温，产生蒸汽，并且在水蒸气上升的过程中遇到在地表的温度比较低的塑料袋，会在塑料袋内凝结成水滴，滴入下面的容器，从而得到水。这样得到的水质量可以保证，所以此方法还可以用来过滤地表较脏的水。

③利用动植物寻找水源法：如果能看到大量的绿色植物就等于找到水源了，但这种沙漠中的绿洲还是比较少的，而且一般也不会碰到。沙漠中的一些动物可以帮助你找到水源，像一些昆虫，比如蜜蜂的活动范围大都在离蜂巢 6.5 公里的范围内，苍蝇的活动范围则是离水源 100 米左右，所以跟着蜜蜂走或者跟着苍蝇走都是一个不错的选择。但跟着有些动物走则有可能是徒劳的，因为大部分沙漠地区的动物都是耐旱的，它们往往可以跑到

几十甚至是几百里以外去觅食。

④保持体内水分：除了要想方设法保证水源之外，学会如何保持体内的水分也是很重要的。

（2）饮食。

在注意少吃东西多喝水的同时，要注意吃东西时要少吃高蛋白的食物，多吃水果类含水量较多的食物，还要注意的是千万不能抽烟或喝酒，这样会消耗掉体内大量的水分。

（3）运动量。

要注意多休息，中学生的身体耐久性差，必须注意休息，克服逞强心理。

（4）行路、起居方式。

要多走有阴影的地方，或者带上一个能遮阳的帽子，或者采用晚上走路，白天休息的行路方式，即便是白天走路也要尽量避免走阳光直晒的地方，或者要走一段路找一个遮阳处休息一段时间，千万不要在滚烫的沙子里躺着睡。

另外，不要因为热而脱掉衣服，而且身上穿的衣服应当尽量宽松。尽量少说话，在说话时不要大张嘴，更忌用嘴呼吸。

（5）指南针。

在沙漠中旅游指南针是必备的。因为许多时候我们在沙漠中行走时会迷失方向，尤其是夜晚和风沙比较大的时候，这时指南针就发挥作用了。火也是必需的，在茫茫沙漠中很难找到一户人家，这时候就需要自己生火做饭了，而且火还是沙漠中一个重要的警示信号，既可以在与其他人失去联系时作为寻求帮助的信号，又可以防止危险动物的袭击。

2.森林旅游注意事项

在众多的绿色旅游项目中森林可能是最具有代表性的了。森林旅游不仅可以充分享受绿色的滋润，还可以看到许多自己意想不到的东西，以及在课本上讲过却没有亲身看过的东西。这是因为大部分森林地区都是一个完整的生态体系，里面往往会有各种

各样的动植物构成一个立体的生态圈，尤其是在一些热带或亚热带的森林中，往往会有意想不到的收获。但是，森林旅游在使我们大饱眼福的同时也使我们随时都处于一种危险中，所以我们必须注意一些森林旅游时可能遇到的问题：

（1）要打听好目的地是否有完善的食宿条件，如果没有就需要自己备好帐篷、睡袋等，而且要求睡袋的封闭性要好，以免有些小动物看中了，也偷偷钻进去和你一同分享这份温馨。

（2）要问好最佳的旅游季节是什么时候，南方的森林和北方的森林都有不同的季节性，如果你是专门为了去看红叶之类季节性很强的景色，就更需要打听好这方面的信息了。

（3）要事先找好同学、朋友或家人作为同行者。森林中随时都有可能遇到危险，而且刚从喧闹的都市环境转到寂静的树林中也有可能出现一些不适，这时候人多了就可以互相照应一下。

（4）注意不断地确定自己的方位，在森林中尤其是大森林中迷失方向是一件很麻烦的事情，最好能找一个比较熟悉旅游地情况的人带路，自己也要带上指南针等定位工具，以及与外界联系的手机等通讯工具。

（5）注意尽量要白天行路，避免晚上行路，这是因为在森林中晚上常有对人有威胁的夜行动物出没，比如一些毒蛇、猛兽等。还因为在晚上行路容易迷失方向，而且不容易看清道路，很容易发生意外。

（6）要注意带一些自卫工具和消毒用的药和物品，在森林中万一碰上夜间活动的猛兽可以用带的自卫工具吓唬它们，并及时用带的报警工具与当地的保安部门取得联系，如果被蚊虫或毒蛇咬了赶紧用预先备好的药物敷上，并用绷带等将咬伤部位的上侧扎住，这样就可以缓解毒素向身体其他部位的蔓延，同时要尽快找到附近的医院或诊所进行进一步的治疗。

（7）要注意带上足够的食物和水，不能在森林里随便吃喝自然的东西。森林中往往会有许多五颜六色的野果子、蘑菇等，虽

然看上去很漂亮，但往往含有有毒物质或不能生食。森林中的水，即使是清澈的河水也不能随便喝，因为这些水里往往会含有一些有毒的矿物质。

（8）要注意不能随便捕杀动物、采摘植物制作标本，尤其是在自然保护区内更是这样，因为那里的动植物大都是国家重点保护对象，有的濒临灭绝。更不能随便在森林中生火，这样容易引发森林火灾。

3.高山旅游的注意事项

我国拥有丰富的名山大川资源，其中既有闻名中外的五岳，险峻秀美的玉龙雪山，还有珠穆朗玛这样的世界高峰，一般说来像五岳这样的名山旅游资源开发得比较好，旅游时一般不会遇到什么危险，但像玉龙雪山、珠穆朗玛峰等世界著名高山往往是常年冰雪覆盖，气候条件恶劣。到这些地方去旅游、登山危险性很大，与其说是到这些地方去旅游，不如说是去探险，比如单是珠穆朗玛峰到现在已经吞噬了140多条企图征服它的生命。当然这不是说我们就不要去高山上旅游了，但适当地注意一下有关事项，提前了解一些有关登山的必备知识还是很有益处的。

从冰雪上滑坠、遇到雪崩和高山反应被看作是登山活动的三大死敌。

要避免滑坠、避开雪崩最好的方法就是在登山时请一个熟悉整座山的天气变化、地形等情况的同行者，在登山之前一定要了解天气预报，避开风雪天气。大部分人在登海拔较高的山时都有高山反应，具体表现为体力不支、走路不稳、判断力及平衡能力减弱、意识不清楚等，还会伴随出现头痛、头晕、食欲不振、恶心、呕吐、呼吸困难、胸闷、胸痛、干咳、全身无力、浮肿、失眠等症状，正是因为这样很容易造成滑坠等高山事故。

中学生的身体还正处于一个急速发展的阶段，身体的各方面条件与成年人相比还有一定差距，所以在登高山时更应注意这些问题。

由于高山反应主要是由于缺氧造成的，所以在登山时背上一个专用的氧气瓶还是很有用的。氧气瓶不应过大，否则会增加登山的负担。

预防高山反应的另一种方法是在登山前要加强身体锻炼，在低海拔地区要节省体力，不要做过于激烈的行进运动，而且每前进一段时间就要休息一下，有经验的登山者提出：在 3000 米以上，一般每升高 500 米就要适应一夜，如不能适应，要暂缓继续上升，对初次登山者尤应如此。在 7000 米以下，一般要进行 2～3 次的反复适应性行进，不能奢望一下子就登上去。

另外保持积极的心态也是很重要的，即使是出现了高山反应也不用惊慌，保持乐观的心态有助于尽快地从高山反应中解脱出来。

在饮食方面，要增大糖类的比例，应占到 60％以上，还要增大各种维生素的摄入。有些药物经过登山者的实践也能起到预防高山反应的作用，比如复方丹参片，登山前 2 天开始服用，每天8 片，但专家警告有磺胺过敏者慎用或忌用这些药。

最严重的高山反应是高山脑水肿和高山肺水肿，高山脑水肿的症状是出现严重的头痛，呕吐时呈喷射状，精神萎靡不振，反应迟钝，昏昏欲睡，逐渐失去知觉；高山肺水肿的症状是严重的头痛和呕吐、乏力、胸闷胸痛、咳嗽、呼吸困难、痰多，痰液为稀薄的粉红色、白色或血性的泡沫状痰，嘴唇和脸都呈青紫状，严重时可以听到类似水沸腾时的声音。还有一种"暴发型急性高山肺水肿"，这种高山病来得比较快，病人会很快就进入昏迷状态，如果得不到及时救治很可能会死亡。一旦在同行的队伍中有同学出现这些比较严重的高山反应，需要尽快送往专门的治疗机构，比如营地中的随队医疗队，在送的过程中还要注意给患者进行高流量的氧气输入，并立即服用利尿药。当然最好一起登山的人员中有一位专业的高山病医疗师，这样遇到问题时解决起来就会相对容易一些。

登山除了以上提到的外，还有雪盲、冻疮等较常见的病，这些病的治疗方法同平时基本一样，这里不用再啰嗦了。

中学生心高气盛，喜欢冒险，但还是要注意不能自己单身一人去尝试登高山，这样是很危险的。最好在登山前做一下完整的计划，并准备好人、财、物，有备无患。

4.海上旅游的注意事项

在酷暑难当的夏季去海滨旅游也是一个不错的选择，我们国家海岸线漫长，有许多比较著名的海滨城市，像大连、秦皇岛、烟台、青岛、威海、北戴河、三亚、宁波、厦门、汕头、珠海、北海等都是值得一去的地方，上面所提到的这些地方大部分旅游资源开发得都比较好，一般说来吃住都没有什么可担心的，唯一担心的就是你的胃口是否能承受众多海鲜美味的轮番轰炸！

到了海边就一定要在大海的怀抱里撒野一番，但在海里游泳和在游泳池中是不一样的，游泳池中的水一般都清澈见底，你在多深处自己很清楚。在海水中游泳有时看不清楚自己所游的地方多深，所以这时就不能轻易地去试水深，尤其是游泳技术不太好的同学更不能这样做。不管游泳技术有多好，在海水中游泳最好能带一个救生圈，尤其是在那些没有人游的地方游泳时更是这样，当然，一般的专供游泳用的海滨游泳场的水都不会很深，但还是小心为好。在海里游泳一般浪比较大，不像游泳池中风平浪静，在游泳池中游惯了的人刚到海水中游泳会有些不习惯，这时就需要用救生圈来保护自己，其实那些在游泳口出事故的人大都是对自己的游泳技术过分自信的人。

在海水里游泳有时还需要防备一些海洋生物的侵扰，国内外都发生过鲨鱼咬死、咬伤游人的事故，尽量到正规化的海滨游泳场去游泳，不能只贪图高兴和刺激。

5.在大自然中旅游的住宿问题

在大自然中旅游的一个很大特点是随"处"而安，因为除了那些开发得比较好的自然风光地外（这样的地方又给人一种虚假

的感觉，在这种地方很难找到回归自然的情趣），大部分令人神往的自然风光都没有抢眼的建筑物破坏人的情绪，这种情况下你就需要仔细考虑一下吃住问题了。如果一个地方的风景值得你和你的同行者驻足看上好几天，那么就要精心选择一个住的地方，既要安全还能将美景尽收眼底，所以你应当考虑周全可能会影响你们住宿的因素。

（1）水。

选择住地时首先要考虑的是水的问题，靠近水源的地方可以为我们的食宿提供方便，但也不要惹祸上身，比如夏天容易遇到暴雨和山洪、泥石流等，这时在选择住的营地时就不能光贪图近水源，还应避开容易被水冲到的地方。

（2）风。

营地一定要选择一个背风地方，这样既可以避免风大把帐篷掀翻，也可以为生火提供方便。

（3）山崖。

不要距离山崖太近。离山崖太近，山崖上的石头等物很容易从上面滚下来，而且如果有暴雨等天气，山崖处也是泥石流最容易光顾到的地方。

（4）划分生活区。

要对用餐区、娱乐区、卫生区进行划分，一般说来用餐区应在较上风处，而卫生区应在较下风处。

（5）溶洞。

在选择溶洞作为住的地方时要注意有些溶洞里可能有有毒气体，还要注意里面可能也是一些动物的栖息地，有时候与它们争夺地盘得需要勇气和智慧。

（6）露天宿营。

在选择露天宿营时一定要注意防潮、防虫、防雷击，睡觉时一定要把睡袋和帐篷封闭好，最好选择一些具有防潮作用的、封闭较好的睡袋，这样就能保证睡好，还可以防止一些虫子或更刺

激的动物进来凑热闹，想象一下假如一个夜里一条毒蛇偷偷地跑进你的被窝里，那虽然刺激，但可能大多数同学宁愿不要这种刺激。所以一定要保护好你自己。

体味中华五千多年的文明

中华民族有五千多年的文明史，而且中华文明史上下五千年几乎没有间断过，在四大文明古国中只有中国代表的华夏文明完整地保留下来，丰富的历史文化积淀使得我们国家有着丰富的文化遗产。据最新统计，我国的世界遗产总数为 27，居世界第 3 位，其中文化遗产和文化与自然双重遗产就有 20 处，这也为我们提供了广阔的旅游目的地。同时我国是一个多民族的国家，56 个民族长期共同生活，但又保持了各民族自己的特色，各民族都有自己独特的民族文化和生活习惯，这些也是丰富的旅游资源。

1. 做好准备

文化游与自然游有不同的特点，大部分文化景点的旅游资源都开发得比较好，食宿条件也较好，这为我们放心出游提供了方便。

但文化旅游与自然旅游的不同是文化旅游光靠感官是不能达到目的的，因为文化的积淀在许多情况下是不能用视觉、听觉挖掘出来的，而且大部分文化遗产景点都有许多传说、典故、历史等文化因素，所以我们在去某一文化景点旅游之前最好要参考一些与要旅游地点相关的资料，这样就可以事先知道有哪些景点，哪些景点有哪些值得看的东西，里面的文化价值是什么等。

比如去泰山旅游之前如果没有事先参考相关资料，可能就无法知道在一块大石头上所写的"虫二"是什么意思，但如果你在去爬泰山之前参考了相关的资料，等你到了这个景点时就会知道它的意思是"风月无边"，这是你用眼睛看不出来的。可见，在

文化旅游中一定要注意事先参考相关的资料，了解相关的历史和文化背景，这样就会有更多收获。如果旅游回来之后的感觉就是那里有好多旧房子、破画、铜车、泥人，那就失去了文化旅游的意义。

2. 入乡随俗

文化旅游另一方面需要注意的是要入乡随俗，了解某一个地方的风土人情同样是很重要的。在国内，汉族有汉族的风俗规矩，少数民族有少数民族的风俗规矩，甚至同样是汉族，南方与北方之间在生活习惯上也存在很大差别，沿海与内地之间也存在很大差别。在国外，每一个国家无论大小都有自己的生活习惯和各自的风俗，比如在泰国不能随便地摸小孩的头，进入寺庙要脱鞋；在印度尽量不要吃猪肉，征求他人意见时如果他人点头实际上表示"否"；而在新加坡街头随地吐痰、乱扔垃圾会因此而支付很高的罚款。了解一个国家和民族的风俗是对这个国家或民族的尊重，也是一个人是否有修养和素质高低的表现。所以，在你想去某一个少数民族地区或国内外其他地区之前都要了解一下那个地方的风土人情，以免弄出尴尬的事儿来。由于这方面需要了解的太多，我们这里就不再一一介绍了。

3. 佛有佛法

这里需要提醒大家的是，到寺庙、尼姑庵等禁忌比较多的地方要尤其注意自己的一言一行，说不定什么时候你一不小心就会越入"雷池"。

（1）称呼要恰当：对寺庙的僧人应尊称为"师"或"法师"，对主持僧人称其为"长老"、"方丈"、"禅师"，对喇嘛庙中的僧人应尊称为"喇嘛"，一定不要自以为是的称"和尚"、"出家人"，甚至其他"秃驴"等污辱性称呼。

（2）礼节要适当：一般要双手合十，微微低头，或者单手竖掌于胸前，头略低，不要像平时一样握手、拥抱等，这些都是不当的。更不可碰到年龄比较小的僧人用手去摸人家的脑袋，在尼

姑庵中也不可随便盯着人看。

（3）话题要合适：在与僧人谈话时要避免提及打杀、婚姻、美色之类的话题，也不要随意谈及吃荤腥这类的话题。

（4）行为要规矩：在寺庙中旅游时要注意不要大声喧哗，随便指指点点，更不要在寺庙内打打闹闹，或乱动寺庙内的东西，尤其注意不要乱摸乱刻神像，或在上面写上自己的名字或留言等。如果遇上佛事活动，可以静静地站在一边看或悄然离开，不能在旁边指手画脚、大声喧哗或发出笑声。

4.历史再现

文化旅游的另一个好去处是历史博物馆、民俗博物馆、艺术博物馆、革命博物馆等，几乎每一个博物馆内都收藏了大量的与自己的主题相关的具有较高历史价值和艺术价值的文物、艺术品等。由于博物馆内存放的物品大都具有一定的代表性，体现了某一历史时期、某一地域、某一种文化体系、某一民族的特点，所以通过到某一博物馆的旅游我们就能在较短的时间内大体了解相关的文化背景，而且这种了解要比单纯地看课本或看电视所带来的印象更为深刻，对自己的震撼力也要更方。比如我们可能从书本上了解到兵马俑的雄伟、壮观，但真正看到之后才体会到雄伟、壮观的真实含义；我们也可能从历史书上了解到日本侵略者在侵华战争中的残忍、凶恶，但只有真正地看到南京大屠杀后的一幅幅令人发指的照片和实物之后，才会真正体会到日本的侵华战争对中国人民的伤害有多么深。有人说历史博物馆和革命博物馆是最好的爱国主义教科书，指的就是这个意思。

精打细算，做好开支预算

大多数的中学生在经济上还没有独立能力，我们旅游的大部分花费都是父母的血汗钱，另一方面，勤俭节约也是一种美德和

一个人素质高低的体现，所以我们应当本着勤俭的原则出去旅游，做一次快乐而经济的旅行。

俗话说"穷家富路"，我们倡导勤俭并不是说我们就不要花钱了。出门在外，什么事情都有可能发生，所以应当根据预算带够钱，当然钱也不能带得太多，太多了对自己也是一个额外的负担。一般说来，身上所带的现金比预算多20％就足够了。如果能带信用卡或活期存折就更好了，这样就可以省去带现金所带来的麻烦。但是信用卡的使用在我们国家还不是很普遍，也不是很方便，而活期存款也受异地取款的限制。我们在旅游之前最好要打听好旅游地能不能用信用卡，能不能异地支取现金，以及用什么样的存款方法可以享受这些服务，如果能用信用卡或可以在异地取款的存折就尽量用信用卡或存折。下面我们一起来看一下旅游需要哪些支出：

1. 交通费

出门在外首先需要付出交通费，尤其是到较远的地方，有时这是一项较大的开支。这项花费需要根据自己的家庭经济状况和自己的目的地来确定，它会因所选择的交通工具的不同而大相径庭。一般说来，同样的距离，选择水上交通工具最经济，陆上其次，空中最贵，但水上最慢，陆上其次，空中最快。水上交通工具受运输线路的影响，并不是每一个地方都有水运服务的，空中交通也受天气等的影响，陆上交通受的限制较少，基本上每一个旅游景点都可以从陆上到达。空行的优点是快捷，缺点是不能领略沿途的风光，陆上交通虽然慢了点，但可以了解更多的东西。正是因为这些，大部分人都喜欢采用陆上交通的形式，现在的陆上交通主要是火车和汽车两种，如果路途不太远，在500公里之内，火车和汽车都可以，但如果路途在500公里以上，那么就要首选火车，因为汽车相对说来更容易使人劳累，当然，现在许多高档汽车都现身于客车市场，只是价格不菲。而且相对来说火车更安全一些，价格一般也比汽车经济，可为自己节约一笔开支。

2.住宿费

出门在外另一项大的开支是住宿费，一般说来，旅游资源开发较好的地方都能提供良好的食宿条件，甚至还有星级服务。但我们作为学生还是应当在能保证安全的前提下以节约为本，不需要住太高档的星级旅馆，只要干净，各方面的卫生条件能保证就可以了。还有的同学喜欢回归自然的感觉，选择露宿，这是一个不错的主意，但露宿需要一定的勇气、胆量和智慧，这一点我们在"野外旅游中住宿问题"部分已经谈到了。

3.饮食费

吃喝也是外出旅游的一项必须花费，如果旅游的地点离自己家比较近，而且预定旅游时间也比较短，可以从家中带好自己的吃喝之物。但如果时间较长，路途较远，那么带过多的吃喝之物就是一个累赘，而且时间长了还会变质，可以适当地带一些保质期较长、容易携带的食品和饮料，主要是供在路途中用，因为如果在途中买，一方面会比较贵，另一方面卫生条件和质量也不敢保证。到某一个地方，品尝当地的特色饮食还是很有必要的，比如到了天津不吃大麻花就等于没有到天津；到了陕西西安不吃羊肉泡馍就等于没有去过西安；到了重庆不吃火锅就等于没有到过重庆……所以还要在自己的预算中加入品尝各地风味菜、土特产的费用，在这一项上钱要舍得花。

4.其他

在旅游中另一项比较大的花费是门票费、玩乐费、摄影费和购买纪念品等的费用，在名胜古迹游中有时还需要准备一项支付导游的费用。这些不是必须的，可以根据自己的具体情况加以选择。

旅游中要注意防欺骗

中学生的社会阅历还比较浅，很容易上当受骗。我们国家的

旅游市场发展很快，一些相应的监督措施和制度就很难跟上，旅游市场还很不成熟，所以往往会出现一些不规范的行为。这时候我们就需要多加小心，学会一些反欺骗的方法，保护好自己的合法权益。

1.选择旅游团

如果你想随旅游团旅游，那么就要货比三家，选择那些信誉好、透明度比较高的正规旅游团体，对于一些街头广告上不切实际的宣传内容不能轻信。而且无论是选择什么样的旅游团体都要看好其服务范围，并要一份服务单据作为凭证。如果在旅游过程中不幸出了问题，或者没有达到承诺的服务标准，比如说承诺的空中旅行变成了陆上旅行，豪华大巴变成了普通客车，星级食宿变成普通的，30个景点变成了20个等等，这时候一方面要联合众人力量跟团长谈判，要求按预定的服务标准服务，另一方面要取好证据作为投诉的凭证。

2.是否值得一看

现在很多景点是要门票的，如果自己不太了解又特别想进去看一下，这时候一定要主动向那些刚出来的人问一下里面的具体旅游内容，然后权衡一下自己的财力和自己的兴趣，考虑是否值得自己进去一看，千万不能见到什么都想看一眼，现在有好多地方都是有名无实，只是外面有一个花架子，里面并没有什么值得一看的东西，所以要慧眼识珠。

3.路边要小心

到了一个地方难免要购买一些当地的土特产、纪念品等，这时应货比三家，讨价还价，才不至于吃亏。不要只是凭着一股冲动去买东西，这样子会吃好多亏，尤其是注意要少买路边小商小贩的东西和景区内商店里的东西。当然，如果自己能识货，价格也比较了解，这时可以通过讨价还价买一些，因为，景区内和路边小店出售的物品，要价一般比正规市场商店的标价贵得多，尤其是路边小摊上的货往往会充斥着假冒伪劣货品。最忌摆阔气，

第六章 学生旅游娱乐安全知识

87

同学之间互相攀比，见人家买了，自己不买就没有脸面，这样子大家都会花好多冤枉钱，结果是让他人渔翁收利占了你们的便宜。

4.免费的午餐要不得

在一些旅游景点还要注意不要随便上钩。据说一些到少数民族地区旅游的游客一天能糊里糊涂地进七八次"洞房"，当然也不是白进的，进一次就要花掉几十元甚至上百元。如果有人要替你拍照，以及要与你合影留念之类的，千万不要轻易地就答应，这样往往会过一会儿就有人捧着你的"艺术照"来问你要钱。在摄影留念时还要注意要看好是不是后面有人在含情脉脉地瞅着你，迫不及待地等你按动快门，不过他（或她）可不是在欣赏你的帅气或美丽。这些人往往会等你照完之后上来问你要"取景费"，这时你就哑巴吃黄连，有苦说不出。

5.热闹凑不得

如果有人在路边招人猜谜、玩游戏等，也千万不能去凑热闹，其中往往会有不少陷阱，到时候上当受骗不说，说不定还要受皮肉之苦。在外出旅游的过程中要尽量避免与人发生冲突，有什么事情要报警，不能自作主张，凭着年轻气盛与人打架斗殴，要善于利用法律的武器来保护自己。

做个文明游客

旅游本身是一种文明的活动，我们在外出旅游接受大自然和社会文化的熏陶的同时也要注意给予大自然一份真诚回报，做一个文明的旅游者也是一个人素质高低的集中体现。

1.切莫乱刻乱画

无论是在文化景点还是在自然景观前都不要随便地乱刻乱画。每一棵小树都有自己的生命，你的一刻一画都会给它留下一

块伤疤；每一件文物也都有自己的历史意义和价值，你的刻画会破坏它原有的意义，甚至使其丧失本身的美学、历史等方面的价值，更重要的是每一件历史文物都是独一无二的，没有了就不会再生，甚至会因此而失去一段历史的凭证，所以我们无论是对自然景观还是历史文物都应有一种平等的态度，要像爱护你自己一样爱护它们。

2. 莫要乱采乱摘

做一个与自然融为一体的游客。大自然中的每一片森林，每一座山丘、每一个湖泊、每一片海水，甚至是一小块草地、一棵树、一块石头都是一个个拥有自己内部生态结构的相对平衡的生物圈，内部的各种生物及其物理环境之间相互依赖，在动态中保持着平衡。而我们人类也是其中的一员，在大自然中我们人类并没有什么特殊的地位，我们和每一个小动物、每一棵草都处于同样的位置：自然中的一分子。所以我们应当有意识地去维持这种自然的平衡。有时候我们动一块石头、折一根树枝就有可能毁掉许多动物的家园，如果你采一朵花，他摘一颗果子，你捉一只小鸟，我逮一只小熊，那么最终就会大大破坏自然界原有的平衡，并最终影响到我们人类本身的生活。

3. 绿色旅游者

做一个绿色环保的旅行者。最不受欢迎的旅行者是那些走到哪里就把自己最丑陋的一面丢到哪里的人。我们倡导每一个同学在旅行之前都准备好一个垃圾袋或者在旅行中用盛其他物品剩下的方便袋作为垃圾袋，随时注意是不是给大自然留下了自己的污浊。而且还要在碰到其他人留下污浊时帮助清理一下，让他的良心、道德、素质受到一次内心的谴责，同时也会给自己的文明素质加上一个砝码。

4. 懂点"江湖规矩"

在旅行中还有一些江湖做法，大家不妨学一学，这对于你以后继续在这"行道"里"打天下"是很有帮助的：在人烟稀少的

地方遇见人，要互相打招呼，这既可以获得一种久别"红尘"的亲密感，还可以为双方的互相帮助打下人情基础；不要随便掏鸟窝、逗小动物玩，这样子你有可能会受到意外的攻击，尤其是那些爱子心切的鸟儿和动物在这时很容易将你的并无太多恶意的举动视为一种侵犯性的动作和对它们的侮辱；不要随意大声喊叫或喧闹，有时候这样会惹来不必要的麻烦。

第七章　学生运动娱乐安全知识

　　生命在于运动，运动渗透在生命中的每一个角落、每一个细胞中，血液在不停地流转着，大脑也在不知疲倦地思考，哪怕是睡觉时，我们的眼球都在做运动。我们可以忍受 24 小时的长途跋涉，却无法忍受 24 小时一动不动的煎熬。这就是生命的运动意义。

运动可促进身心的健康

生命在于运动，运动渗透在生命中的每一个角落、每一个细胞中，血液在不停地流转着，大脑也在不知疲倦地思考，哪怕是睡觉时，我们的眼球都在做运动。我们可以忍受 24 小时的长途跋涉，却无法忍受 24 小时一动不动的煎熬。这就是生命的运动意义。生命体的内部需要运动，而外部的运动则可以促进生命的内部运动，用一句很俗的话说，就是运动可促进身心的健康。

1. 运动可以促进身体的生长

青春期是人类身体发育的第二个高峰期，这时候如果能抓住时机多运动，可以促进骨骼的生长，使骨骼增长、变粗，增大骨密度，增加骨重量。经常做运动，还可以促进肌肉组织的生长，使肌纤维变粗，肌肉发达，增强肌肉的伸张能力，增加肌肉的力量和耐久力。数据表明，不喜欢运动者的肌肉只占体重的 40％左右，而经常锻炼身体者（比如竞赛运动员）的肌肉重量可达体重的 45～50％。除此之外，数据还表明经常参加身体锻炼可以增大胸围，在不增加体重的情况下塑造体形，在不耗损骨骼质量的前提下增加身高，在不使用任何激素的条件下保持身体各部分的比例协调，使你看上去更美！

2. 运动可以完善呼吸和循环系统的功能

心脏是循环系统的中心，数据表明，经常运动者的心脏体积比一般人的心脏体积大，平静时每分钟的脉搏次数比不喜欢运动者的脉搏次数少，而每搏输出量比不喜欢运动者大：不喜欢运动者平静时每分钟输出血量约 5000 毫升，剧烈运动时约为 20000 毫升，而经常运动者剧烈运动时每分钟输出血量则可以达到 35000 毫升。在瑞典所做的一项研究表明，连续几年平均每天 4 小时的系统科学训练可以使训练者的最大摄氧量达到 3.8 升份，与此同

时，在这几年中没有进行系统训练的人其摄氧量仅为 2.6 升份，而且接受训练者的心脏、肺的体积以及血液中血红蛋白量都显著增大，这些都是与摄氧量相关的一些指标。一位 11 岁男孩训练半年后，有氧工作能力提高 15％；训练 2 年后，有氧工作能力提高 55％，心脏容积增加 45％，肺活量增加 54％，这些变化大大超过同龄青春期男孩。更有意思的是，一位接受训练的女孩在停止训练 10 年后，其摄氧量平均下降 29％，但是心脏的体积却没有太大变化，这说明青春期是体育锻炼效果比较理想的时期，如果在青春期加强体育锻炼，那么必将受益终身。

3. 可以促进神经系统的发展

神经系统是人类生命体的总指挥部，其需血量和需氧量也比一般的器官多，正如我们前面所说，体育锻炼可以提高呼吸系统和血液循环系统的功能，提高摄氧量和血液输出量，使神经细胞获得更充足的能量和氧气的供应，从而使大脑和神经系统在紧张的工作过程中获得充分的能量物质保证，利于神经系统特别是大脑的正常和高效工作，提高神经工作过程的强度、均衡性、灵活性和神经细胞工作的耐久力。

4. 运动可以使你天天有个好心情

研究表明，体育锻炼能使大脑的兴奋与抑制过程合理交替，避免神经系统过度紧张，可以消除疲劳，使头脑清醒，思维敏捷。在运动中所有的注意力都会集中在如何运动上，从而可以抛弃其他一切思想和情绪负担，宣泄室疗法就借助了这一点。受治疗者在宣泄室中随意打击玩偶的过程，实际上也是一个通过肢体的运动释放心理负担和不良情绪的过程，各种心理障碍尤其是抑郁症、自避症等常见于从事那些单调的、相对静止工作的人群中，部分原因可能是这类人缺乏运动以及运动中的相互交流。而且，运动可以提高睡眠质量，保证在清醒时有充足的精力，这对于学习来说极为重要。

量身定做自己的运动项目

现代社会的运动项目多种多样，所以有时候选择一项比较适合于自己的运动还要费一番脑筋，即使这样，精心选择也是必要的，毕竟运动受限于大家的条件，体质强弱、身高、性别等。体质较好的同学可以选择那些对抗性强、需要耐力的运动项目，比如足球、篮球、排球、长跑、网球等；体质较弱但是身体灵巧、柔韧性比较好的同学可以选择那些技巧性比较强的项目，比如说乒乓球、羽毛球、体操等。当然还可以根据自己身体的不足选择一些可以弥补的运动项目。总之一点，不能跟着感觉走，要量身定做自己的运动项目。

听说过吗，运动还与人的气质性格有关，通过运动也可以弥补一些相应的缺陷。

1.紧张型人格的同学。这些同学要克服性格缺陷，应多参加竞争激烈的运动项目，特别是足球、篮球、排球等比赛活动。因为赛场上形势多变，紧张激烈，只有冷静沉着地应对，才能取得优势。若能经常在这种激烈的场合中接受考验，遇事就不会过于紧张，更不会惊惶失措，从而给工作和学习带来好处。

2.胆怯型人格的同学。有的同学天性胆小，动辄害羞脸红，性格腼腆。这些同学应多参加游泳、溜冰、拳击、单双杠、跳马、平衡木等活动项目。这些活动要求人们不断地克服胆怯心理，以勇敢、无畏的精神去战胜困难，越过障碍。

3.孤僻型人格的同学。这类同学应少从事个人化的运动，多选择足球、篮球、排球以及接力跑、拔河等团队运动项目。坚持参加这些集体项目的锻炼，能增强自身活力和与人合作的精神，逐渐改变孤僻性格。

4.多疑型人格的同学。可选择乒乓球、网球、羽毛球、跳

高、跳远、击剑等体育运动项目。这些项目要求运动者头脑冷静、思维敏捷、判断准确、当机立断，任何多疑、犹豫、动摇都将导致失败。

5.急躁型人格的同学。要克服急躁型人格的缺陷可选择下象棋、围棋、打太极拳、慢跑、长距离散步、游泳及骑自行车、射击等运动强度不高的活动项目。

此外，不要忘了咱们的国宝——武术。武术作为中华民族留给人类的宝贵遗产，其历史已经很难追溯。练武术是需要一定的技巧的，所以不能自以为是，而是要在专家或老师的指导下练，"冬练三九，夏练三伏"，"功练一天三遍，一遍三回，一次不练，前功尽弃"。练武术强调循序渐进，强调坚持不懈，所以不能有急于求成的心理，要重视基本功和基本动作要领的练习，"学拳容易改拳难"，总之要注意"松静自然、动静结合、意志相随、动作准确、循序渐进"。

运动前后做热身和缓和运动

小江和小涛是篮球迷，可是前一阶段为了考试就只能忍痛割爱，好不容易等到考试结束了，小涛像刚从笼子里逃出来的小鸟飞向蓝天一样跑到篮球场上"蹭"球，不幸的是他第一次碰球就把食指和脚踝弄伤了，医生告诉他必须在床上静卧半个月之后才能再下床活动，并提醒他以后运动之前一是要先做一下热身活动，对小涛来说躺在床上无疑比软禁更痛苦，小涛郁闷不已。小江似乎比小涛懂得保护自己，在打球之前他先围着篮球场跑了一圈，然后活动了一下手脚关节，扭了扭腰才去打，那天他爽了一把，一连打了4个小时才意犹未尽地回家，然后就匆匆洗了一个澡倒头就睡，结果第二天醒来时腰酸腿疼，整个身体疼痛无比，医生告诉他这是因为他没有做好运动之后的缓和活动。

小涛和小江的例子告诉我们在运动之前和运动之后都需要做相应的活动来配合，尤其是所做的运动比较激烈或运动的环境与运动前的环境相差很大时，这一点显得更为重要，比如跑跳、各类大球运动、冬泳、爬雪山等。热身活动主要是让身体的各部分提前进入状态，从而提升身体的肌肉温度，避免在运动中造成肌肉和关节的伤害，还可避免因激烈运动而导致心脏供血不足等。

热身的方式需要因活动而异，如果是跑跳，主要是要预先活动好脚部、腿部和腰部的各关节，具体做法有：

（1）脚尖点地作为中心点让脚和腿同时旋转；

（2）双脚并立，交叉双手用手心慢慢去接触脚面；

（3）将一只脚放在一个地势比另一只脚稍高的地方，然后用肘关节去慢慢接触这只脚；

（4）也可以将一只脚架在一个比较高的地方，另一只脚着地，并慢慢用头去接触架起的那只脚；

（5）双手平伸与地面平行然后用双脚轮流向上踢；

（6）先慢跑再逐渐加速，或者在跑的过程中变换跑姿，比如蹬地跑、倒退跑等。

如果是大球类运动一定要注意手脚关节和腰部关节的活动，比如：

（1）双手交叉上下翻动手指关节；

（2）双脚分立弯腰分别用手来回接触对面的脚；

（3）两个人背对，分别背搂对方，然后慢慢将对方背起，双方来回地做同样的动作；

（4）冬泳时由于空气温度和水的温度比较低，所以在脱衣和入水之前必须先通过小跑等动作提高身体的温度，还可以用酒搓身，并在入水前先用少量水洗身。

运动之后的缓和运动和运动之前的热身同样重要。在激烈运动后最忌的就是突然静止不动。这是因为在激烈运动时，血液中的肾上腺素和副肾上腺素会增加，血压也会上升；而运动后虽然

运动强度下降，但肾上腺素和副肾上腺素仍会继续增加，这两种激素会使心跳加快，导致心脏跳动不规律，会使心跳失控，甚至死亡。

可以看出缓和运动的重要性并不亚于热身运动。缓和运动的方式有许多，但最基本的原则是绝不可突然停止运动，比如在以百米的速度冲刺后不要立即停下来，科学的方法是渐进式地降低运动强度，使身体内各器官慢慢适应。

如跑步，可先将速度慢慢降下来，再缓和至走路的速度，最后再做些伸展运动。还可以挤压小腿、大腿和臀部的肌肉，比如两个人互相帮助，一人趴在草地上或床上，另一个人用脚轻踩或轻蹂对方的小腿、大腿或臀部肌肉，这样可以更好地趋散激烈运动时积下的酸性物质，以免在停止运动后腰酸腿疼。

缓和运动还可使心血管系统从中度或剧烈的运动中，安全、平稳地恢复至安静状态，对一般人来说，缓和心血管系统至少需要三分钟持续性的低强度活动，这时候心率差不多已经降至每分钟 120 次以下了。

过犹不及，注意运动强度

在新世纪的体育界接连发生了几件让人遗憾的运动员猝死事件，先是美国著名运动员乔伊娜，然后就是国内的排坛名将朱刚和一名很有发展前途的足坛小将以及著名健美教练马华相继撒手人寰，尽管其中的原因还众说纷纭，但也不排除长期运动过量、体力透支这个因素，尤其是朱刚和那位前途无量的足坛小将。这也向我们提一个醒：运动虽有益，但也不能贪多。

研究发现，过度运动不仅不能起到强身健体的作用，反而会加大肢体和心脏的负荷，降低心肺功能，继而降低身体的免疫力，过度运动者容易疲劳、感冒、嗜睡等，严重者甚至会出现身

体虚脱、乏力、抽搐等症状，这些都是与运动的初衷相违背的。在加拿大曾经做过一项研究，研究者将若干位接受实验者分成两组：第一组每周做三次 40 分钟的有氧运动；第二组每周做五次有氧运动。两组的实验时间都是连续不断的 12 周，12 周之后的血液检验发现，每周三次运动者的杀手细胞增加 27％，而每周五次者则只提高 21％；而且每周运动五次者，免疫细胞数量竟减少 33％，每周运动三次者则没改变，也就是说每周五次已经是一种过度运动，这种过度运动导致运动者的免疫力下降。

对此，运动专家提醒每一位喜爱运动的同学，一方面要多做运动，加强体育锻炼，另一方面也要注意量要适当，适度的运动为每周 3 次，每次 30 分钟以上的有氧运动，这种运动量已经足够达到强身健体的效果了。

当然，具体的运动量和运动强度还与人的体质有关，这里没有统一的标准，也不能相互较劲，要根据自己的身体条件进行自我选择。

运动也需要学问

小琪和其他花季少女一样，是一个爱美的女孩子，所以经常对着镜子把自己从头到脚欣赏一遍。这一天她照例在镜子面前转来转去，并一边自言自语着："嗯，浓浓的眉毛下一双大眼睛像两颗黑宝石一样发着炯炯有神的光，稍稍翘起的鼻子闪出晶莹的汗珠，红红的嘴唇像两瓣樱桃一样夹着雪白而又整齐的牙齿……哇噻！好 PP（漂亮）的一个 MM（女孩的昵称），嘿……"她的眼前出现了一个英俊的男生，正在羡慕地看着自己，接着又出现了自己向往已久的场面："先生们，女士们，我们这一次的选秀活动最后的新希望之星是……可爱、美丽、气质绝佳的……小琪小姐……"她明显地感到自己的心像小兔子一样在不安地跳着，

粉红色的霓虹灯和频频闪动的水银灯照着她火辣辣的脸庞，大大小小各种颜色的鲜花将她压得喘不过气来，她感到有些眩晕……突然，一盏雪亮的日光灯打开了，全场变得鸦雀无声，整个世界像死了一样，一个尖刻的声音像一把刀子一样朝小琪插来，"我不服"，接着一只手飞快地把小琪的衣服掀开，小琪的腰露了出来，"你们看，她的腰这么粗，凭什么让她成为希望之星"，立即，一阵哄笑响遍了整个世界……小琪回过神来，对着镜子看了看自己的腰，简直惨不忍睹，"这一定是自己天天啃巧克力的杰作，我一定要成为瘦身美女，我要拥有天仙般的脸蛋和魔鬼般的身材"，小琪下定决心。第二天，小琪向同学中的"美容专家"小丽取到了真经：一天只吃一顿饭，饭量是两根青菜，每天下午空腹跑 3000 米。小琪立即行动。结果一周下来，腰没有变细，脸色却失去了往日的光泽，眼睛深陷，红红的围着一圈像只大熊猫，精神恍惚，上课老是走神打瞌睡，每天跑下 3000 米之后就像上了一次刑一样痛苦，最后小琪晕倒在教室里，医生告诉老师"她身体极度虚弱，贫血，营养不良……"

小琪的例子告诉我们，运动有益，这是在方法科学的前提下，否则只能适得其反。除了我们上面提到的运动量要适当，运动前后要做好准备活动和缓和活动外，还有其他需要注意的问题：

1. 运动时的着装穿戴要适当，比如慢跑时最好选择透气佳、弹性好、具有缓冲作用的鞋底垫和有内衬的慢跑鞋，必要时使用护膝，这样可以有效地保护膝关节和脚踝。衣服最好穿轻便宽松的运动衣或 T 恤，尤其是在夏天不要穿牛仔之类的紧身衣，这样不利于运动过程中产生的热量散发出去，容易造成中暑；冬天则不应因为要运动而穿得过于单薄，否则容易因为运动之后温度迅速降低而引起感冒。

2. 选择合适的运动时间：夏天温度在 37 度以上时或冬天温度太低时都不易做运动。在一天中，如果是早上做运动不要过早，

耐心等到太阳升起，这是因为在太阳未升起之前，大量的可吸入颗粒物都会随着水汽悬浮在贴近地面的低空，在大量运动时吸入身体。而太阳升起之后，不仅颗粒会随着水汽蒸发到高空，而且太阳光中的紫外线会杀死大量有害病菌，这时的空气就会相对清新。下午也是一个不错的运动时间，这不仅因为下午的空气相对较清新，而且下午运动利于提高晚上的睡眠质量。

3.选择合适的运动场所：在马路上练长跑从科学的角度来说绝不是一个好主意，马路上不仅比较危险，而且车辆走过之后留下的垃圾空气大量集结在身边。一般说来公园、草地和专用的运动场都是比较好的运动场地，这些地方空气清新，而且地面较柔软，有利于在运动时使身体免受剧烈撞击。但是，要注意不要独自一人到人比较少的地方去运动，尤其是女生。

4.忌空腹和饭后立即运动：许多同学都喜欢空腹运动，尤其是在早上，这实在不是一个好主意，因为早上已经离晚餐8小时甚至更多，这时腹中已空，热量不足，再加上运动时体力的大量消耗，会使脑供血不足，很容易让人产生不舒服的感觉，比较常见的症状就是头晕，严重的还会感到心慌、腿软、站立不稳等。尽管中学生精力充沛，但是也不要"拿自己的青春赌明天"。饭后立即做剧烈运动也是一种不合理的运动方式，这是因为进餐不久需要大量的血液来供应消化系统，这使运动系统尤其是肌肉组织的供血量就会相对不足，不仅会影响食物的消化，还会引起抽筋等不良反应。那么用餐后多长时间再运动合适呢？这要根据每个人的体质、运动的方式以及用餐的类型和量而定。如果体质较好，用餐较少，吃的食物以糖类为主，计划做比较温和的运动，那么可以在30分钟以后开始；但是如果体质较弱，用餐较多，吃的又是以高蛋白和高脂肪为主的食物，而且计划做一些比较剧烈的运动，那么就需要延长一下间隔时间，一般要在两小时以上。饭后散步也是一种比较不错的运动方式，这种方式比较利于消化。

制定合理的运动计划

　　小健眉清目秀、玉树临风、多才多艺，弹一手好吉他，画一手好画，所以在班里的威望比较高。但是最近有一件事情困扰着他：上周班里举行班委换届选举，小健对班长一职本是胸有成竹，结果在老师提出候选人时，班里的几个一向比较前卫的女孩子举双手表示反对，她们的理由是小健优点很多，但唯一的缺憾是身体不够强壮，弱不禁风，不能给人一种威严感，所以不适合做班长，她们建议小健做文艺委员而不是班长。最后小健只能委曲求全接受了文艺委员这个"女性专用"职位。但是他心里一直都耿耿于怀，并下定决心一定让自己强壮起来。他向班里几个平时被自己暗地里嗤为"四肢发达、头脑简单"的同学取经，那几位同学还真大方，建议小健每天坚持到学校的健身房练 30 分钟，保证半年下来体壮如牛，小健欣喜若狂，说做就做，放学之后他迫不及待地跑到健身房而不是音乐室，他疯狂地练了一个多小时，直到丈汗淋漓、两腿发软，他心想：看样子健身比弹吉他痛苦多了。忽然，他脑子里一闪：每天都这样岂不是很痛苦？长痛不如短痛，我何不一天就练上三个小时。从此，小健开始实施自己的集中训练计划，每周六下午练三个小时。结果第一周就事与愿违，还没有到三小时，两小时下来就已经浑身无力、头晕目眩、胸口发闷、恶心呕吐，好不容易走到家里，往床上一扑就不省人事……

　　小健的想法是好的，但是不科学。锻炼身体不是一朝一夕之功，重要的是坚持而有规律。科学的方法就是如小健的同学所说：每周三次，隔天进行，一次 30 分钟左右，而且一开始可以量少一些，以后可以逐渐增加，但是最好不要超过一个小时，而且要注意变换运动方式。最忌的就是小健的做法，想一口吃成个大

胖子，或者嫌麻烦想一次解决。

更合理的做法是为自己制定一个计划，每周训练几次，在什么时间训练都要按照计划来，把这个时间固定下来，其他事情都要避开这个时间。另外还要坚持以下原则：

1.循序渐进：无论你进行什么样的运动，都要循序渐进，一开始可以比较轻柔一些，然后逐渐增加运动强度，切忌一上来就拼命，还没有热过身来就已经没有了力气，这样是不利于养成坚持的好习惯的。

2.增加运动情趣：如果每次都围着一个光秃秃操场跑，那将是一件十分单调无聊的事情，跑多了也许就会烦，影响坚持锻炼的情绪，但是如果找一个公园之类的地方，不仅能锻炼身体，还能欣赏美景，自得其乐。如果条件允许还可以带上随身听，一边锻炼身体一边听音乐也是一个不错的选择，不过这时要注意安全，不要在马路上听着音乐跑步。还有，如果和自己的朋友一起锻炼身体，两个人相互照应，相互鼓励，也可以保证长久的坚持。

运动的同时要注意营养

小珍是一个很要强的女孩，学习、弹钢琴、书法样样都信手拈来，唯一的遗憾是身材不够苗条，一丑掩百好，为此她伤透了脑筋。后来听说练健美操可以使自己苗条起来，于是小珍加入了一个社会上的健美操俱乐部，一开始小珍十分投入，但是过了几天瞅了瞅自己的身体之后感觉没有什么变化，于是小珍想：是不是自己吃得太多了。她为自己下了军令状：不能碰任何脂肪类食物，不能吃高蛋白的食物，每天都只能粗茶淡饭，小珍是一个说到做到的人。几个月下来，小珍的身体确实苗条了不少，可是新的问题又出现了，小珍发现自己近来老是无精打采，每次去健身

房都觉得特别累，最后她不得不退出了，到医院检查，医生告诉她是营养不良，要注意调整饮食结构，不要偏食。

小珍的例子告诉我们在运动的同时要注意营养，否则只能是入不敷出。运动中的营养补给首先要注意维生素的到位：

1. 维生素B：随着运动中对蛋白质和能量需要的增加，对维生素B的需要量也会增加。因为维生素B与能量的获取密切相关，人体要想从脂肪、糖类中获得能量并从食物中获取蛋白质，必须有维生素B的参与才能完成。

2. 维生素C：维生素C是人体的保护组织和缔结组织的守护神，运动中往往会大量出汗，维生素C会随着汗液偷偷溜出体外，所以经常运动的同学还应注意维生素C的补给。

3. 维生素E：维生素E可以使人体少受外来恶劣环境的侵害，尤其是可以减少因过度劳累、紧张、环境破坏以及训练等对人体造成的侵害。而且维生素E还有利于肌肉对氧气的吸收。

要补充这些维生素，可以服用相应的维生素片，但是对于一般人来说，多吃一些富含维生素的东西就可以了，如水果、蔬菜和全麦制品。

除了维生素外，经常锻炼身体的同学还应注意适当补充一些矿物质：

1. 钙：钙是构成人体骨骼和牙齿的最主要的矿物质，牛奶、奶制品、胡桃、谷物和硬壳果中钙的含量都很丰富。

2. 镁：镁是酶的重要来源，对肌肉的活动至关重要。绿色蔬菜、土豆、水果和硬壳果实中都富含镁。

3. 磷：磷是人体内富含能量的磷酸盐的重要成分，也是构成人体骨骼、牙齿和细胞的基本物质。牛奶、奶制品、各种蛋类、肉、鱼、胡桃、碳酸型饮料及烤制食品内含有丰富的磷。

4. 钾：钾在人体内的水分分配中起着重要作用，还可以保护体闪的糖原。钾主要存在于蔬菜、土豆、硬壳类果实、水果和干果之中。

5.钠：钠对人体的渗透压十分重要。食用盐、香肠、奶酪、肉、面包中均含有钠。

维生素和矿物质对运动来说特别重要，水作为生命之源对运动来说其重要性不言而喻。运动时尤其是剧烈运动时会大量排汗，汗中的主要成分就是水，另外还有钾、钠、钙、镁等无机盐。如果运动时不及时补充水分，就容易导致疲劳和体温调节障碍，也会引起酸性代谢产物的蓄积，从而造成疲劳和运动能力的下降。所以运动时一方面要注意饮水，另一方面也要注意饮水的类型，运动时宜饮用含糖量5％以下并含有钾、钠、钙、镁等无机盐的碱性饮料。

与运动相关的另一个重要话题就是睡眠和休息，一定要切记在睡眠前不能做剧烈运动，因为剧烈运动会使血压上升，神经兴奋。要提高睡眠质量一个重要的方法就是要放松肌肉，这样可以促进血液循环，还有一种睡眠操可以帮助你睡一个好觉，不妨试试：先跪在地上，然后把双手放在腰部后面，一边吸气一边头部往后仰；然后慢慢地吐气，把整个身体向前颂，一直到头碰到地面为止。

在睡眠前不要想任何事情也是尽快进入梦乡的一个前提。如果想这想那，只能是辗转反侧，越想越睡不着。

第八章　学生追星娱乐安全知识

　　在形象上、气质上、年龄上都极具吸引力的明星，尤其是歌星、舞星、体育明星等无疑成了父母和老师最好的"接班人"，他（她）们取代了父母、老师坐上了你心中江山的第一把"交椅"。

青少年学生为什么追星

　　小林是班里可以用"花"来称呼的学生，和其他同学一样，尽管她的学习成绩很好，但她也属于"追星族"中的一个积极分子，只不过她还没有达到有些同学的疯狂程度，有时还能控制住自己，但是昨天一件事情使她心神不宁。昨天晚上她和同学一起去参加了一场自己特别喜欢的明星演唱会，回来之后正当自己还沉浸在晚会的兴奋之中的时候，一向温柔的妈妈破天荒地发了火："有好多事情你不去做，为什么偏偏去瞎疯！"小林是一个很体贴妈妈的孩子。她也在反问自己：我为什么追星呢？她陷入了深深的不解中……

　　青春期是人生的又一个快速成长期。在青春期，你在身体上和心理上所经历的成长与以前相比有过之而无不及，我们甚至可以毫不夸张地说青春期是一次狂风暴雨，因为在这一阶段你要经历从依赖、听从到相对独立、自主、反叛，从关注外部到关注自身，从服从权威到怀疑权威的转化。

　　1.理想自我的化身。在青春期一直扮演好孩子角色的你从对父母和老师的敬仰、言听计从中走出来，你开始摆脱成人权威的影子，并努力寻找自我，实现自我。但是你的翅膀还很嫩，你在经济上、社会经验上、心理上、身体上都还没有达到你自己认为的成熟程度，于是你就处于一种想摆脱对成人尤其是父母的依赖而又无法摆脱的境地，但是你需要一个理想的化身。这个化身是你自我的体现。很显然这个化身的现实之体不再是你的父母或老师，你需要重新寻找一个，在形象上、气质上、年龄上都极具吸引力的明星，尤其是歌星、舞星、体育明星等无疑成了父母和老师最好的"接班人"，他（她）们取代了父母、老师坐上了你心中江山的第一把"交椅"。

2.理想异性的化身。青春期朦胧的性意识的萌动使你开始考虑性的问题，但是害羞的你又不敢明目张胆地跟自己熟悉的异性往来。于是，明星尤其是异性的、年轻的明星就成了你的"白马王子"、"白雪公主"的化身，你可以疯狂地追逐明星而不必担心他人的眼光，因为大家都在追。

3.寻找失落的精神家园。你在努力摆脱与父母建立的长幼关系的同时也在谋求新的团体关系，其中很重要的一种团体关系就是同伴团体。通过一起追一个明星，你和你的同学形成了一个新的团体：追星族。作为追星族，你们年龄相仿、追求相同、志趣相似，"物以类聚，人以群分"，你们走到了一起，反过来你们又通过相对密切的交流树立了新的追逐对象。

4.大凡明星基本都是在事业上功成名就的，他（她）们所取得的成就和走过的光辉历程对充满梦想的你来说就是一个坐标，而且你所崇拜的明星尤其是歌星、影星、体育明星等往往在形象上比较吸引人，"爱美之心人皆有之"，何况是正处于豆蔻年华的你呢。还有明星在年龄上与你差别不是很大，基本上不存在"代沟"问题，明星和你往往能在心理上产生共鸣。

追星是正处于青春期的你的一种需要，所以不用为追星而过分自责，星星牵引着你的梦。

追星有一个前提：适当。何为适当？不会对学习和生活带来负面影响，不追星丧志，追星对自己的学习和生活起了正面的促进作用便是适当。

明星就是我们的人生坐标

美国篮坛的超新星科比一直都梦想自己能成为飞人乔丹那样的篮坛名宿，于是凡是有乔丹的比赛他几乎从不错过，但他并不只是像其他人一样看乔丹的精彩表演，而是注意乔丹的每一个动

作，从如何移动步伐，如何卡位，到如何举手投篮，如何抢断，如何大力扣篮……看完之后他还会在脑子里想象一下这些动作，有时甚至会不自觉地边想边做动作。就这样，凭着他对乔丹的崇拜和对理想的执著追求，很快，他成为一名美国 NBA 的明星，成为队中的绝对主力，其风头足以盖过当年的乔丹，以至于乔丹不得不重新复出……

大凡在人生事业上有所成就的人都是从小就立志的人，从这种意义上来说，明星就是我们的人生坐标，就是我们要攀登的人生高峰，就是我们要到达的理想彼岸。

毛泽东从小就立下"救国救民"志向，为此他博览群书；周恩来曾发出"为中华崛起而读书"的豪言壮语。古今中外的文人墨客、先哲才子留下了无数这样的名言警句："志当存高远"，"志不强者智不达"，"三军可夺帅，匹夫不可夺志也"，"穷且益坚，不坠青云之志"，"理想是世界的主宰"，"理想是人生太阳"，"希望永远在人的胸膛汹涌，人要经常感觉不是现在幸福，而是就要幸福了"，"你的目标定了，你的脚步也就轻快了"，"最贫的是无才，最贱的是无志"……

但是有了自己崇拜的明星并不意味着就有了自己的理想，当问一些同学："你喜欢他什么？"他们会不知所措而又不屑一顾地说："不知道，喜欢就喜欢，还需要理由吗？"

喜欢是需要理由的，否则只能迷失在茫茫"星空"中。

下面是三个有关如何将明星作为自己奋斗目标的表格，请抽出一点时间来完成它，相信它会给你点燃一支蜡烛，为你照亮追星之路的：

请根据自己对明星的了解情况写出自己崇拜的明星所取得的成就，这些明星可以是男的也可以是女的，可以是年轻的也可以是年老的，可以是活着的也可以是逝去的，可以是歌星也可以是影星，可以是政坛风云人物也可以是经济界巨子……这些成就必须是你认为属实的、正面的，最好是经过权威渠道认证的，比如

报纸、电视等。

擦亮眼睛，全面认识明星

　　小琪身体纤弱，长一张可爱的瓜子脸和水汪汪的大眼睛，被班里的男生称为"林妹妹"。小琪一直都很崇拜一位香港明星，她为此节衣缩食，掏空口袋买了这位明星的所有个人专辑，墙上贴满了这位明星的各种照片。她放学一回家第一件事情就是和这位明星打招呼"嗨，你好"；她每天睡觉之前都会对着明星的照片说一声"晚安"，并轻轻地吻一下。她常常梦想有朝一日能见到这位明星。时机终于来了，这位明星要来小琪所在的城市开个人演唱会，她大吐血买了一张靠近舞台的票，在疯狂了一个晚上之后，她听说这位明星第二天要在下榻的酒店开一个歌迷见面会，小琪约了几个同学去见这位明星，这位明星要求一个一个地见，好不容易轮到了自己，她怀着忐忑不安的心情来到了明星的房间，这位明星异常地热情，让小琪受宠若惊，后来她发现越来越不对，这位在自己心目中高高在上的明星竟然在小琪身上动手动脚，小琪惊恐万分，这位明星立即不高兴起来，小琪奋力挣脱他，泪水如雨地跑出了明星的房间，跑出了自己的梦……

　　的确，"人非圣贤，孰能无过"，明星也一样，他们大都是在某些方面比较出色，超出一般人。但是"天才在某些方面总是傻瓜"，他（她）们在其他方面则不一定出众，可能还比较"弱"，甚至有极少数明星只是凭一首"主打"歌、一张好看的脸蛋等很外在的东西一举成名，而其个人修养、道德品质极低，这些人根本就不值得我们去崇拜，比如前一阶段曾经报道过某一明星对他的同性青少年崇拜者进行性骚扰的丑闻，受害者的身心受到了极大伤害。

　　所以，在将明星作为自己的追逐目标时一定要擦亮眼睛，知

道哪些明星值得自己去学习，哪些明星配做自己的奋斗目标，也要知道明星的哪些方面更值得自己去学习，哪些方面并不足取，全盘的崇拜、全盘的接受只能使自己走向迷途。

曾经有一项"你最崇拜的人是谁"的调查，结果让调查者大跌眼镜：希特勒竟成为许多同学的崇拜对象！一位自愿说出崇拜理由的同学眼露光芒：希特勒能从一个普通人成为一个统治整个德国，并号召那么多人占领大半个欧洲的"世界知名人士"，他真是太了不起了。这说明有许多同学在选择崇拜对象的时候还存在一些误区。

其实，大部分明星向我们展现的一面是他辉煌的一面，而在这辉煌背后的酸甜苦辣则鲜有人知。古人说，大凡那些有所成就的人"必先苦其心志，劳其筋骨，饿其体肤，空乏其身……"，明星之所以出众，除了一定的机遇之外，他们的付出也是超出常人的，在一些有关明星的个人访谈中他们都会有感慨——"其实你不懂我的心"。

努力超过你崇拜的明星

"江山代有才人出，各领风骚数百年"，毛泽东年少时代对秦皇汉武十分敬佩，但是他并没有盲目崇拜，而且后来认识到一些人的不足，称"一代天骄，成吉思汗，只识弯弓射大雕"，最后他很自信地立下豪言壮语"数风流人物，还看今朝"。

正如我们前面所说，明星是我们理想的代言人，是我们宏大理想的一个现实模型，所以他们并没有什么高不可攀。他们所取得的成就也并不是遥不可及的。他们所能得到的只要我们结合自己的实际情况努力去奋斗，也完全有可能达到，甚至有过之而无不及。我们最大的财富就是青春，我们最大的优势就是年轻，我们最充足的就是时间，拥有青春就意味着我们可以拥有一切。

但是机遇只偏向那些有准备的头脑，我们要时刻准备着为迎接挑战而奋斗，明星在某些方面为我们树立了榜样，我们就应当积极地去朝这些方面努力。历史总是在前进，任何纪录都只是当时的纪录，任何巅峰也都只是当时的巅峰，"芳林新叶催陈叶，长江后浪推前浪"，后来者总是要居上的。

　　任何成就的取得都是需要付出一定努力的，努力虽不是实现理想的充分条件，却是一个前提条件，玩世不恭者靠投机取巧只能蒙混一时，不能蒙混一世，果戈理说"青春之所以幸福，就是因为它有前途"，歌德说"要做一番伟大的事业，总得在青年时代开始……"

　　青春是我们的优势也是我们的劣势，青春是不耐久藏的东西，青春最容易拥有激情也最容易丧失激情，青春需要持之以恒。拥有青春之后我们就容易在"来日方长"中虚度年华，拥有青春之后我们就喜欢对自己说：明天我就开始。时间就在我们"明日复明日，明日何其多，我今待明日，万事成蹉跎"的感叹中消逝。青春是绝对的，一个人的青春只有一次，失去了就不会有第二次，任何人在青春面前都是平等的，人人都有青春，在青春面前没有贫富之分，所有的人都站在同样的起跑线上；青春又是相对的，珍惜青春干自己想干的事情，那么青春就是长久的，在青春中无所事事青春就是短暂的。

　　再伟大的明星也是血肉之躯，一切伟大都源自平凡。如果我们深入接触一些名人就会发现他们也有喜怒哀乐，他们也有很平常的一面，他们并不是什么上帝造就的天才。天才就是永无止境的奋斗，这种奋斗是快乐的，为了理想而努力，岂不是一件很幸福的事情？

　　每个人都有一定的理想，这种理想决定着他的努力和判断的方向。

　　如果你崇拜某个明星，那么就努力超过他吧！

追星切莫觅不到自我

某媒体报道，有两位少年因为迷恋某一明星但又无钱与这位明星见面而服毒自杀，他生命中留给世人的最后一句话是：我爱××。

偶像崇拜本身并没有什么对错而言，但凡事都要有一个度，如果崇拜变成一种失去理智的行为，甚至为其醉生梦死，这样就已经超出了偶像崇拜的范围，成为一种狂热的迷恋行为，最可怕的是有些明星和他们的所谓"金曲"、"签名大作"实在是不敢让人恭维，而有些同学却凭着各种夸张的虚假宣传为之省吃俭用，甚至为之抛弃学业，为之茶不思，夜不寐，的确是用心良苦。盲目崇拜也容易助长享乐型人生观的蔓延：穿要穿名牌高档，吃要吃山珍海味，骑要骑山地变速。于是我们便见到学校里最好的自行车不是在老师的停车棚，而是在学生的停车棚；于是我们也见到父母骑着一辆老式自行车吃力地追赶骑着崭新的名牌高档车的孩子。

我们生活在一个追求个性的时代，于是我们可能会骄傲地说：追星才叫有个性。而实际上刻板模仿明星的同时也就失去了自己的个性。狂热地、不惜一切地进行偶像崇拜本身就是一种幼稚的表现，这种崇拜往往仅停留在对明星的外表着装上，而相对忽视对其本身修养的学习。我国服装模特业的一位权威人士曾经说过：中国模特最缺的不是外表，也不是猫步，而是内在的修养，这种修养奢望能通过单纯的模仿获得是不可能的。

崇拜明星的目的应该是让自己不断地取得进步，让自己不断地成长，而不是让自己越来越幼稚，让自己越崇拜越寻觅不到自我。

最出色的明星就是你的榜样

美国曾经有人做过一个实验，让四个班的学生分别通过电视画面看一个为社会福利院捐款的场面，他们所看到的捐款人分别是政府高官、学校领导、老师和自己的同班同学。校方在学生看完播放的电视画面之后的第二天在校园里设了一个捐款箱，要求捐款人写出自己的班级。结果发现，四个班中那个看过自己同学捐款场面的班里的学生捐款数最多，捐款的人也最多，而看政府官员捐款的那个班捐款的人数甚至比没有看过任何捐款场面的班级捐款的人还少。

上面的例子揭示了一种社会心理学现象，即榜样的示范作用受榜样与观察者之间距离的影响，这种距离不只是指空间上的距离，还有身份、社会地位、年龄、性别等。很显然，在上面的例子中，政府官员与学生之间的距离是最大的，而同班同学之间的距离则是最小的。也就是说，生活在自己身边的同学的行为对周围同学的行为产生了最大的影响力，而政府官员虽然其行为是一样的，但是因为其距离学生的生活太远而几乎没有产生什么促进学生行为发生的作用，甚至起到了一定的抑制作用，原因可能是政府官员的行为使学生产生一种观念：他是一个政府官员，自然应当为社会多做点事情，而我只是一个学生，不能与他们相比。

实际上，如果大家仔细观察就会发现，自己身边就有许多值得学习的"明星"，是不是某个同学的歌声曾经让自己陶醉？是不是某个同学的学习成绩让自己羡慕不已？是不是某个同学的书法让自己叹为观止？他们就是自己学习的最好榜样，他们足以成为自己心目中的明星。

自己身边的同学因为与自己年龄相仿、生活环境相似、心理距离也比较近，所以他们的一举一动都会对自己起表率作用。这

种作用是实质性的，而不是像明星一样，只是在精神上的一种聊以慰藉。这种同学容易和自己产生心理上的共鸣，也容易引起认同感，将这种同学作为自己的目标比较具体，这种榜样时刻都在起作用，所以能起到更好的督促作用。自己懈怠时，这些同学的努力奋斗就会成为自己振奋精神的动力。

最出色的明星就在你身边，他们就是你学习的榜样。

爱明星不如爱自己

我们为明星醉生梦死，为明星节衣缩食，为明星付出眼泪，为明星投资情感……我们甚至为了明星先死而后快，我们这样做是为了什么？为了他的帅与酷？为了她的美丽与气质？为了他震撼的歌声？为了她动感的劲舞？或许根本就不为什么，喜欢就是喜欢，问那么多干吗。

但是，我们无论怎样追星，最后都得靠自己的两只脚走路，无论是走什么样的路，明星所走过的路可能会给我们一些启示，但明星却不能代替我们走人生的每一段路。

所以，追来追去，实际上我们是在跟自己赛跑，自己的命运把握在自己的手里。请爱明星的时候也爱自己，珍惜自己的青春，在短暂的人生之路上实现自己的人生价值。

把自己当成世界上最耀眼的明星吧，爱明星不如爱自己。

第九章　学生网络娱乐安全知识

　　当代青少年在充分享受着网络时代的快捷与方便的同时，其身心也正承受着网络负面效应的煎熬。长时间上网会造成青少年视力下降、生物钟紊乱、神经衰弱等生理特征，不能维持正常的睡眠周期，停止上网时出现失眠、头痛、注意力不集中、消化不良、恶心厌食、体重下降。

互联网世界暗藏危险

当代青少年在充分享受着网络时代的快捷与方便的同时，其身心也正承受着网络负面效应的煎熬。长时间上网会造成青少年视力下降、生物钟紊乱、神经衰弱等生理特征，不能维持正常的睡眠周期，停止上网时出现失眠、头痛、注意力不集中、消化不良、恶心厌食、体重下降。

人的心理状况是在环境与人的相互影响中形成的。由于人脑细胞使用能力特别强，人对自己所在环境很快会形成一种心理状态，青少年长时间和电脑在一起，他的思维将与电脑的符号式机械思维趋同，常人的逻辑思维能力受到抑制和削弱，弱化了人与人沟通相处的能力和现实生活的反应能力和应对能力，不利于独立生活能力的培养。加上网络游戏良莠不齐，暴力和色情游戏充斥着网络，长时间陷入暴力和色情游戏中，对道德观的形成有着极其不良的影响。长时间处于这样的画面和情景中，很可能会认为现实生活也就是如此，也有可能潜意识地去模仿。网络欺骗、赌博、色情、人身攻击、反动言论、犯罪行为以及各种网络垃圾等都可能使青少年受到伤害。正如一位网络罪犯在法庭上所说："对没有成年人监护的青少年来说，国际互联网是一个非常危险的地方。"一些青少年网民过分迷恋与网上的"人→机"式交往，会忽视真实存在的人际关系，产生现实人际交往萎缩和角色错位的现象；爆炸般的网络信息的挤压揉搓，会加大青少年网民的心理负担和压力，引发"信息污染综合征"等心理障碍；网络世界的虚拟性也会使青少年网民产生一种"特别自由"的感觉和"为所欲为"的冲动，做一些平时不能做，也明显是不道德的行为；长时间的上网会使一些青少年沉溺其中不能自拔，产生对网络的过分依赖心理，成为"电子海洛因"的"吸食者"，染上"上网

成瘾症"等心理疾病。英国诺丁汉大学心理学专家麦克·格里弗斯博士认为，"过分迷恋上网有损身心健康，严重的会导致心理变态，危害程度不亚于酗酒和吸毒。""患者的行为与吸毒成瘾类似，一接触互联网就兴奋异常，没机会接触就寂寞难耐。"可见，网瘾问题的心理危害不容小视。

家长只有彻底认清"网瘾"对青少年能造成哪些危害，才能充分重视他们染上网瘾的问题，帮助其认识到网瘾的危害，才能够谈预防和戒除。因为不彻底认清网瘾危害，就不会有戒除的动力，甚至还会造成孩子强烈的逆反心态，导致"网瘾"问题更加严重。

网络不同于其他上瘾型的娱乐，其特有的操作方法决定了上瘾的人可以连续进行几十个小时在虚拟世界中生活。上瘾的青少年会停止现实生活中的一切活动，除了吃几口饭，靠在椅子上睡一会儿，以维持基本体力以外，可以什么都不干。试想一款网络游戏有时号称有近百万人同时上网，这些青少年每天耗时 8 小时以上在网络上，不仅会导致身体素质下降，心理受到扭曲，正常人生观、价值观和行为准则被颠覆；而且花费时间、精力、金钱去制造毫无社会价值的虚拟装备和虚拟等级，一旦游戏不能再玩，所有所谓的财产化为乌有，会给他们带来怎样的一个心理落差？每个玩家在这样的心理落差面前，会做出什么样的举动？

作为家长只有彻底认清网络成瘾的危害，才能坚定让青少年预防、戒除网瘾的信心。要用爱心、耐心和诚心去感动他们，去解开他们心中的结，以诚挚的爱让他们接受一些朴素的道理，教会他们如何爱自己、爱父母、爱祖国、先苦后甜等这些最简单的道理。与上网成瘾的青少年交谈时，态度一定要真诚，切记不要做作，特别是语速、语态或是肢体语言，甚至是一个眼神，都要让他们感觉到你和他是平等的，是真正和他来交流的，而不是来训斥、敷衍他的，这样他们才会向你敞开心扉。

严加预防被网络"控制"

网络有时候就像一个恶魔，让人欲罢不能。作为自制力还较差的青少年，尤其是容易成瘾，受其控制，对此，我们一定要提高警惕，严加预防。青少年被网络控制一般表现为物质性被控制、精神性被控制、心理被控制及其他被控制。

1.物质性被控制

青少年网络物质性被控制包括人身被控制和财产被控制。青少年人身被控制，一方面是指他们长期沉溺于网络造成自身身体健康的被控制，另一方面是指他们因为其他处于网络环境中的人的违法犯罪行为，而遭受的人身被控制。北京心理咨询中心在贵阳、南京等地采样调查测试后发现，长期上网、沉湎于网络游戏的青少年，其智力会受到很大影响，甚至导致智商下降到正常青少年的标准线以下。国内外的研究也表明，青少年长期沉溺于网络中，除头脑发育受影响外，还会导致植物神经功能紊乱、激素水平失衡，致使免疫功能降低，引发紧张性头疼、焦虑，甚至导致死亡。专家经研究指出，长时间上网会影响大脑中一种叫多巴胺的化学物质水平，这种类似于肾上腺素的物质短期内会使人高度兴奋，但之后则令人更加颓丧、消沉，患者的临床表现一般是情绪低落、生物钟紊乱、思维迟钝、自我意识弱化，严重者甚至有自杀意念和行为。青少年长期沉迷于上网和游戏还容易导致各种病症，如颈椎病、干眼病、腕管挤压综合征等，严重者甚至会猝死。

互联网中的青少年受网络环境的缘故而导致在现实世界受到各种违法犯罪行为侵害的情形也很多。青少年网络被控制一般包括被拐骗、被绑架、被伤害、被杀害、被抢劫抢夺、遭性侵害等，以交友、网恋为名遭受被控制的情形居多。近年来，网上冲

突延伸到网下的现象越来越普遍，很多青少年因为网上结怨导致被报复、殴打和杀害。互联网色情网站的大量出现，也为有组织的卖淫活动提供了各种条件与便利。在这类犯罪中，一些未成年人也成为被侵害的对象。比如在网络上针对上网儿童进行网络跟踪，慢慢地引诱他们上钩。大量的数据和实例表明，因特网正越来越多地被用做儿童色情交易的渠道，成为恋童癖者的乐园，许多少年儿童通过网络被诱惑和侵害。由于网络本身处于迅速变化之中，网络的管理还存在许多漏洞，各种针对青少年的诈骗行径非常猖獗。在各种各样骗术编造的陷阱里，青少年因为缺乏生活经历，往往轻信于人，容易轻率地把自己和家庭的敏感信息发送到网上，给个人和家庭带来巨额经济损失。有的青少年在浏览非法网站过程中被一些国内外因特网接入服务商恶意链接，在上网过程中有可能在一个小时内就花掉家里几千元钱，有的通过填写网上个人资料、暴露个人或家庭的隐私，被人诈骗、勒索钱财。

2.精神性被控制

青少年网络精神性被控制包括人格被控制和心理被控制两方面。

首先我们来看人格被控制。互联网的虚拟性特征造成青少年的非人格化的倾向。互联网只要将各个地方的站点连续在一起，就能形成一个虚拟的空间。这样，全人类实际上有两种意义上的社会存在，即现实的社会存在和虚拟的社会存在。由于现实世界有许多法律、法规以及规章制度约束，许多青少年倍感现实的不自由。而在网上的虚拟世界里，由于网络发展还未成熟，许多运营还很不规范，所以还没有现实世界的诸多约束，大家都是"自由人"，都可以在电脑平台上"随心所欲"，而不必受现实世界中太多的约束。虚拟与现实两种世界之间存在的巨大反差，以及现实世界的激烈竞争给青少年造成了诸多压力，致使一些青少年逃避现实生活，沉迷于虚拟世界，而导致社会化的"不足"。网络社会人与人交往的方式是"人→机→符号→符号→机→人"，这

种形式的交往去除了互动双方的诸多社会属性，带有"去社会化"的特征，与真实社会情境中的社会化相去甚远，不能充分、正常地社会化，极大地妨碍了青少年社会人格的正常形成和发展。与此同时，由于互联网拥有大量信息，导致人们摄取信息时过分依赖网络，使他们以一种彻底外在化、符号化的方式和冷冰冰的操作伦理来对待整个人类和真实的社会，不愿与现实中的人进行沟通，导致与人交往时，个别人会产生紧张、孤僻、情感缺乏等症状，甚至产生人格障碍和人际交往障碍。这些非人格化的倾向给青少年教育带来了许多不利影响，也来了大量社会问题，不但使得青少年在网络环境下或受网络环境的影响成为易被控制人群，而且人格的不完善很容易促进被控制因素与加害因素之间的互动，实现一种"恶逆变"，即被控制人在其合法权益受到犯罪行为侵犯后，在不良心理的支配下和其他因素的推动下，导致被控制人的逆向变化，亦即从被控制者向加害者方向的转化，使青少年由被控制群体转化为加害群体，导致更严重的社会后果发生。

3.心理被控制

青少年网络被控制中的心理被控制首先是由网络沉迷行为本身带来的。网络沉迷导致心理被控制的典型表现是"互联网成瘾综合征"。一些网络成瘾者多由此忽视现实的存在，错误地将网络世界当成了现实生活，从而脱离现实，与他人没有共同语言，出现孤独不安、情绪低落、思维迟钝、自我评价降低等症状，严重的甚至有自杀意念和行为。对中国青少年而言，互联网已成为部分青少年的"电子海洛因"。从易被控制人群的分布来看，网络成瘾综合征主要发生在男性青少年群体中，男性青少年是"网迷"的中坚力量，同时也是网络心理障碍的多发群体。

网络游戏是广大青少年的最爱，其内容一般以"攻击、战斗、竞争"为主，它激烈曲折的情节、对个人英雄主义的崇仰，强烈刺激和吸引着广大青少年。这些游戏给青少年带来极大的负

面影响，导致他们道德认识模糊，使得虚拟与现实的差异被淡化，误认为通过伤害他人而达到目的的方式是合理的。有些青少年甚至无法区分现实和虚拟，错把游戏中一些人物的性格套在自己身上，遇到现实矛盾时往往就会联想到游戏中的对抗情形相联系，并用游戏中的处理方式来解决现实问题，无法寻找正确的解决途径，久而久之，会出现性格的变异和心理的扭曲，无法建立对现实世界的信赖心理机制和正常的思维方式。13 岁的少年张艺选择从 24 层楼以最极端的方式——飞跃而下，从而与困扰他的网络游戏彻底决裂的事件就是让我们心灵震撼的最典型例子。张艺留下的遗书表明他难于区分现实和网络游戏的虚拟世界，并采用很多网络游戏中经常出现的方式自杀。专家分析，张艺的自杀是其处于青春期，在现实环境压力中难以找到自我角色，而过分沉溺于网络游戏、心理失衡的结果。此外，网络不良文化的传播也成为青少年网络心理被控制的主要原因。对于生理渐趋成熟、心理尚属幼稚的青少年而言，大量黄色网站的存在、黄色信息的散布、网上淫秽物品无所遮掩的展示使得他们以一种不正常的方式获得了有关性的启蒙。而在中国这样一个仍属传统保守的社会中，他们的这种萌动和好奇得不到正确和科学的疏导与引导，一方面存在性的冲动，另一方面却是难以启齿的压抑，有些人甚至在难以遏制的浏览、偷窥之后产生深重的惭愧、见不得人的自责感，心理负担加重，长期压抑，最终导致心理疾病。有些网站还进行儿童色情宣传，有的不法分子诱使 6～13 岁的儿童参与色情活动，摄取图像，通过网络传输发送，滥用新技术对儿童进行剥削和伤害。此外，互联网上经常会有一些不良组织存在，散布邪恶思想、宣扬暴力和仇恨、鼓吹消极论、教唆人们自杀等，这些黑色的毒瘤将致使青少年心理扭曲，慢性中毒，造成网络孤僻症，最终被网络控制。而这种被控制，又往往成为青少年犯罪的潜在诱因，甚至形成恶性循环。

青少年网络心理被控制还包括青少年网络被控制后心理所遭

受的创伤和留下的阴影。这在被控制人学上称为被控制体验和被控制意识。不论是犯罪社会学、犯罪心理学，还是被控制人学，都注意到被控制体验和被控制意识对以后个体犯罪行为的形成、深化所具有的重要机能。个体的被控制体验在其社会化的过程中容易引起联想，失去对人和社会的信任，形成对法律规范的反抗、轻视或违反法律的不同态度。

4.其他被控制

其他被控制是指纯正网络越轨行为或网络犯罪行为，即不属于利用网络所实施的传统违法犯罪行为所导致的青少年网络被控制。青少年在这方面被控制形式相对较简单，主要集中于青少年网络交互过程中个人网络基本信息，包括电子邮箱地址、电子邮件、QQ号码、电子密码等被盗、非法公开利用、被非法侵入或窥视，即主要集中于个人信息资料等隐私的被侵犯。这主要是因为青少年由于多为学生，很少有自己的经济来源和账户，一般也不会掌握重大的商业秘密和其他机密信息，所以，在这方面青少年网络被控制的情形有别于成人群体和法人。此外，尽管青少年经常上网，但其上网场所主要在网吧、公共场所，因此，青少年虽然也会成为网络病毒的受害者，但在受害程度和范围上要远远小于商业组织、社会团体或政府机构。

青少年网络被控制后，有的人会产生"这种人怎么这样"、"原来有这么坏的事情存在"，会产生痛恶、警惕之心，会约束自己不去做同样的事情；有的人则会出于报复、转移不良情绪等动机实施相类似的事情；尤其是有的人在后来的生活中经受了挫折或重复被控制，被控制意识慢慢转化为犯罪意识，并得到强化，促成加害行为，更进一步成为网络被控制的深层受害者。

如果你发现自己有网络被控制的倾向，那么就要加强警戒及时摆脱控制了，这样才能预防网瘾于身外！

正确评估青少年网络成瘾的程度

正确评估青少年网络成瘾的程度是帮助他们戒除网瘾迈出的第一步。正常上网和"网瘾"之间，存在着明显的差异。上瘾的青少年明明知道上网对他来说有百害而无一利，但他们就是无法摆脱上网的冲动和行为，更多地表现出明知没有必要，却无法停止的强迫倾向，如即便没有人跟他在网上联络，他也会开着 QQ 或 MSN，反复打开邮箱检查是否有新邮件，或在一个网络游戏里不断地重复一些活动。在日常生活中，还伴随着烦躁、神经过敏、紧张以及由此产生的行为异常，如只要不在电脑前就心神不宁、焦躁不安，总想打开电脑。还有一个比较明显的特征就是染上网瘾的青少年通过网络结交新朋友，并且乐此不疲，其在网络游戏和聊天工具中的好友人数不断增加以至于无法应付；而没有成瘾的青少年则是通过网络维持已有的朋友关系，比如跟自己的同学、朋友在网上交流，找新朋友则比较少。

1.对于上网的青少年，家长切忌一刀切。有的家长不管他们有没有上瘾，一味封堵，这样不仅会打击他们的学习热情，还会导致他们出现严重的抵触情绪和逆反心理，将他们真正推向网络或出现其他心理危机。如果确定孩子已经染上了"网瘾"，就要知道孩子上网有多久，"网瘾"程度到底有多深。

2.详细地了解孩子上网都干些什么，究竟对网络里的什么内容成瘾，他为什么会上瘾。了解了这些才能做到心中有数，进行有针对性的心理辅导和治疗。

3.在日常生活中留意观察青少年的上网特征，比如：他们什么时候上网，每次上网都用多长时间；了解他们上网都做些什么。当然也可以直接用询问的方式来了解，但在询问时应当用一种宽容和接纳的态度进行平等的交流，切忌采用居高临下家长式

第九章　学生网络娱乐安全知识

123

的质问形式，更不要跟孩子说"你少上些网"、"少用电脑"之类的话，否则之前所做的一切努力都白费了，在与孩子们交流上网问题时，要注意以下几点：

（1）父母在宽松和谐的氛围下和青少年谈论网络是帮助青少年戒除"网瘾"的一个好方法。如果孩子"网瘾"程度非常深，或者以前由于不懂教育方法已经产生抵触情绪的，就更需要以宽容、豁达、平等的心态，用亲情去感化接近他们，了解他们的行为和内心。正所谓知己知彼，才能产生良好的沟通效果。作为父母一定要细心观察青少年生活中的表现，从而判断他们是不是真正上瘾，上瘾程度有多深。要注意正常上网行为与轻度网瘾的表现行为间没有特别明显的差异。青少年对于网络的轻度依赖，并不会严重影响心理的健康，其依赖程度就好比是一种爱好，并没有到"上瘾"的地步。

（2）青少年往往对自己上网获得的成就骄傲自豪，所以，家长完全可以抱着学习的态度向他们询问。比如跟青少年说，自己听说网络游戏很好玩，也想试试，能不能让孩子教一下。如果孩子不是因玩网络游戏染上的"网瘾"，而是因为使用 QQ 等聊天工具，那么可以提出自己也想利用这样的软件结交一些朋友，能不能让孩子帮助。这时他们会比较容易接受，而且往往非常愿意把自己上网的情况告诉家长。在交谈中要细心留意，他们在哪里上网，玩哪些游戏，就会得出其上网成瘾的关键因素。此外，还要在生活中观察孩子的上网时间段和规律，做到心中有数，帮孩子有效戒除网瘾。

网瘾形成，三个阶段一个也不能少

当前预防和戒除网瘾的不少措施，以远离网络作为目标，治标不治本，且有让青少年脱离时代大潮的危险。笔者认为，只有

深入剖析网络成瘾的心理机制，并据此进行恰当的心理干预，才能从根本上解决网瘾问题。对于网瘾问题，可以用"价值补偿"假说予以解释，网络成瘾是一个渐进的过程，可分为三个阶段，"价值缺失"和"价值补偿"贯穿始终。

1. 好奇阶段

离开课堂去网吧，是青少年上网成瘾的第一阶段，或叫好奇阶段。这时，上网不过是尝试、好奇和从众，不过是偶一为之，是想寻找一种新的世界，以替代自己枯燥的、饱受挫折的学习生活，并开始从中尝到一些甜头。

我国青少年在成长过程中，或多或少存在着三大缺失：第一，信心缺失。学校没有实现个性化教育，采取统一目标，对于有些学生来说目标太高，付出很大努力后仍然难以达到，从而失去信心，甚至产生自卑感。第二，伙伴缺失。由于课业紧张、性格内向，加之多为独生子女，一些孩子在现实生活中缺少伙伴。心情烦闷时，无人倾诉，互联网就成为他们的一种交流工具。而没有伙伴，青少年很难走向社会，也无法正确认识自我、肯定自我价值。第三，娱乐缺失。娱乐和休闲是快乐的源泉之一，是人的全面发展不可缺少的环节，也是实现各种社会需要的最便捷方式，随着电影、球类、旅游等娱乐方式消费成本的上升，上网打游戏或交友，成为最方便、最省钱的娱乐。从根本上说，这三大缺失都直指"价值缺失"，即青少年深感自己的人生价值遭到质疑甚至是否定，他们缺少友谊、缺少尊重、缺少成就感，从而对生存的意义感到茫然。因此，他们要去网上寻求补偿，以获得对自我价值的充分肯定。

在第一阶段，家长和老师对孩子的动向不容易觉察，但可以从孩子是否厌学，是否表现出对网络的向往，看出蛛丝马迹。这时，对青少年进行教育最易奏效。首先，适当降低目标，或将大目标分解为若干小目标，让学生有可能达到，逐步推进，不能操之过急。其次，向青少年开放更多适合他们，并能吸引他们的休

闲娱乐场所。最后，学校多组织一些活动，以增进学生之间的友谊和合作精神。

需要注意的是，家长和老师不应禁止孩子上网，把网络说得一无是处，而要积极引导，让电脑和网络成为他们认识、改造和完善现实世界的强有力工具。

2.着迷阶段

青少年花费大量时间上网，是上网成瘾的第二阶段，或叫着迷阶段。这时，学生已对上网产生了感情，并影响到学习和身体健康。不过，上网时间虽然很长，还没有完全丧失自控力，考试前他会停止上网，认真复习功课。老师和家长已经感觉到问题的严重性，并竭力去制止。但是，孩子对他们的劝说无动于衷，有着强烈的逆反心理。

这一阶段的特点是，青少年通过游戏或聊天，从网络中寻找到很多乐趣，并将其作为满足社会需要、解决一些令人困惑的问题的手段。学习不好的同学，可从游戏升级中获得成就感、增强自信心；学习好的同学，可暂时摆脱课业的束缚，让自己的思绪野马般驰骋；内向的同学，可在网上找到自己的同类，并从他们的赞许中深感温暖。而且，这些需要的满足，是迅速的、低代价的。网络补偿了三大缺失，他们可从中获得对自我价值的充分肯定。

在这一阶段，家长和老师不应对孩子训斥和打骂，而要与他们充分沟通和交流，要向他们讲清虚拟世界和现实世界的区别。不要对上网持全盘否定态度，千方百计让孩子彻底脱离网络。这种做法是绝对错误的。此举不但使孩子无法适应，而且彻底否定了他们这一阶段的生活意义，严重打击了他们的自尊心，加剧了"价值缺失"，干脆"破罐子破摔"，滑入第三阶段，成为真正的"瘾君子"。

要重视青少年在互联网上获得的成功和乐趣，并帮助他完成一些设定的目标。如他喜欢网上交友，不妨满足他这方面的要

求，承认这种交友的正当性，使之由地下变为公开。既然能在虚拟世界实现自己的诸多愿望，具有这方面的能力，为什么不尝试着在现实生活中满足自己的需要呢？难度那么大的游戏都能过关斩将，学习上的问题岂不能迎刃而解？要承认孩子在网络中确实收获不小，同时还要指出，他因此而失去的会更多。

3. 成瘾阶段

对网络产生依赖，是上网成瘾的第三阶段，或叫成瘾阶段。此时，上网已经成为习惯，成为一种生活方式。现实生活中得不到的，如友情、尊重、成就感等，都可以从网络中获取。这时，由于沉溺网络已久，网瘾的各种弊端都已暴露无遗，虚拟生活与现实生活的冲突非常尖锐，对上瘾者学业、身体、心理都产生恶劣影响。对此，大多数人都非常清楚。有时，他们想要改变现状，但却难以自拔，常常为此而深感苦恼。而在前两个阶段，他们并不觉得上网有什么不好，没有改变自己行为方式的主观意图。

在这一阶段，首先要与成瘾者充分沟通，弄清他为什么迷恋上网，又在网上得到了什么，让孩子把心里的压抑、委屈和困惑说出来，然后给予疏导和排解。其次，由于长期玩游戏或网上交友，青少年已在大脑中形成了固定的联络通道和兴奋中心。要想办法寻找他们最喜欢的东西，通过运动、娱乐和求知，进行兴趣转移，建立新的兴奋和注意中心。同时，要充分肯定网络的积极意义，对孩子们已经形成的联络通道，加以充分利用，进行知识转移。

在第三阶段，对网络的入迷已进入潜意识状态，不知不觉地支配着人们的行为。就如同吃饭穿衣一样，到时候就会去做，用不着特意提醒自己，这是"上瘾"的最根本特征，也是根除"网瘾"的困难之所在。所以，单纯从意识层面去进行教育，不会取得多大成效。根据最新的心理学研究，扭转这种负面潜意识的最佳方法，是改变青少年的行为，培养新的行为规范。在一些网瘾

戒除中心，通常会让孩子们做早操、接受军训、参加体育活动，就是为了重塑健康的生活方式。

总之，青少年上网成瘾的整个过程，就是面对"价值缺失"，寻求"价值补偿"的过程。尽管在不同阶段需要采取不同对策，但都有着共同的立足点，那就是承认、利用孩子们在网络中取得的成就，并在现实生活中切实解决"价值缺失"问题。只有做到这些，才有可能使青少年迷恋网络，去网上寻找"价值补偿"的趋势得到逆转。那些远离网络、否定网络的做法，实际上强化了青少年的"价值缺失"，使他们进一步深陷于网络之中。当然，在任何阶段，加强与青少年的沟通与交流都是第一要务，是必须满足的前提条件。

不要等孩子在邪路上走得太远才想起救治！如果您的孩子经常上网，当您了解了网瘾的三个阶段后，就要在您的孩子上网还未上升到第二个阶段时，及时采取措施，预防他们上网成瘾。

拉响网瘾预警信号

青少年上网，家长一般都很在意其上网的时间，但许多青少年也有他们的对策，如撒谎，尤其当他们已经上瘾时。如果电脑摆放在他们学习的房间里，父母就更无法知道真相。但如果家长注意到他们的行为中出现下述警告信号时，就可以确定你的孩子是否过度使用互联网了。

1.成绩直线下降。这是父母们最容易犯错误的问题。当孩子们成绩下滑时，电脑往往是最后一个被怀疑的对象，因为家长相信他们的儿女在打字，他们正在勤奋地忙于家庭作业或者写文章。但更可能的情况是，他们正在与人聊天打发时间而不是在学习。

2.疲劳过度。家长是否发现孩子同拥有电脑以前相比是否早

晨经常难以按时起床？是否看到他们在吃饭时或者周末昏昏欲睡的迹象？正如成年人一样，孩子们睡眠习惯的改变经常是过多使用上网时间的一个首要指标。

3.把网络当成他的一切，对其他爱好失去兴趣。在没有迷上因特网之前，刘多多曾把制造"鹰式侦察机"作为他主要人生目标，自从迷上了网络他开始放弃了侦察机并说那很无聊；另一些孩子则对乐队排练、年鉴、戏剧俱乐部或者体育等爱好失去兴趣。对他们来说，因特网已经不仅仅成为一种新的爱好——而是一种能令所有其他活动变得毫无意义的嗜好。

4.行为出格，性格暴躁不服从。当家长们第一次问及孩子的互联网使用情况时，他们很可能会碰到生气和敌对的态度。"我只是在娱乐！"孩子会大喊大叫并且发脾气以抗议父母的干涉。如果爸爸妈妈制定了规矩，青少年们很可能会破坏它，而如果父母拿走电脑，他们会变得更加生气和好战；而取消上机机会对一个不太适应状态彻底变化的青少年来说，则尤其令他无所适从。

5.与家人、朋友们疏远。"我女儿在和一个美国的小伙子约会。"露茜的妈妈这样说。当然，只是在互联网上。不管以前是害羞还是在学校非常开朗、合群的孩子，一旦被网络迷住，他就常常会拒绝同其他孩子一起出去逛街、参加好朋友晚会、看电影和参加任何其他活动。随着这些青少年对他们的"电脑兄弟"或"电脑姐妹"形成某种感情上的依赖，他们会变得与家人越来越疏远和难以沟通。

十几岁或者更小的青少年对因特网的互动性特点的心理依赖，与成年人不相上下。青少年们迷恋网上社交与游戏，并把它们当做一种改善自我感觉和逃避学校、青春期以及家庭生活紧张压力的方式。但父母开始进行干涉之前，需要花一些时间想想是否有其他因素和问题造成了这种行为。

首先，要意识到这些上瘾的警告信号也可以适用于嗜酒或使用毒品。也许你的孩子正在滥用因特网之外的某种东西。当父母

接近他们时，请记住这一点。同样请记住，当我们从一个网络瘾君子的角度来看青少年，要考虑到由于其他心理问题可能会增加因特网的吸引力。如：一个青少年可能会对学校或者社会斗争感到沮丧，而把网络当做一个安全的、没有威胁的避难所；一个焦虑的青少年可能会因为网络伙伴的轻易接纳和友谊而得到暂时的平静，而那种平静状态随着因特网使用时间的增多会变得更有吸引力。

在同因特网以及青少年们交流时，家长也应当考虑到"注意力缺乏症"的可能影响。一个青少年由于不专心、无条理、容易分神、烦躁不安而造成学习困难时，他会把注意力集中到网上，因为网上有许多迅速移动和不断变化的材料。万花筒般炫目的色彩和图片，零碎的信息以及无心的闲聊者，都可能促使那些具有"注意力缺乏症"的孩子在电脑面前一坐就是几个小时，因为那要比阅读学校的课本更为舒服。

最后，家长要懂得养成任何一种成瘾习惯的青少年或许是想得到帮助才会那么做的——不仅仅是为了他们自己的问题，更是为了涉及整个家庭的更大问题。对于那些长时间躲在电脑里而导致睡眠缺乏、成绩下降、社交活动减少的青少年们，家庭治疗师们把他们称作"可识别的病人"，是一种家庭痛苦的替罪羊。迷恋因特网可能是诸如母亲嗜酒、父亲工作狂或者全家对祖母之死具有难以消除和表达的痛苦这些因素的副产品。在把所有的注意力集中到你的孩子和因特网之前，家长们应该利用这次机会对可能潜在的家庭问题进行一番检查，也许这些问题正是预防孩子上网成瘾的关键所在。

家长少犯错才能有效预防网瘾

导致青少年长时间沉迷网络的原因，从家长方面来讲，主要

由于他们常犯以下五种错误，只要避免这五种错误，才能有效预防青少年上网成瘾。

1.对孩子要求过高

有些青少年本来学习成绩很好，可是家长们望子成龙、望女成凤，因此不断要求孩子考出更好的成绩，结果使得他们对学习产生厌恶的情绪。其实给青少年一个"跳一跳"就够得着的目标，让他体验成功，他才会对学习更有兴趣。学习兴趣是在反复成功的体验中培养出来的；如果反复失败，学习自然就成了令学生生厌的事情。家长总是对孩子的分数提出极高的要求——几乎所有的家长都要求孩子考前 10 名，这可能吗？爸爸妈妈虽是从爱孩子的角度提出要求的，但这种刁难要求使孩子开始怀疑父母的动机，觉得父母并不爱他，而是有自己的目的，于是反而与爸妈产生隔阂，继而在其他地方寻找寄托。

2.没有原则

有关学者指出，有些家长对孩子上网的时间控制没原则性，本来说好让孩子上网 1 小时，可不到 1 小时就去阻止孩子，或超过 1 小时也不去坚持原先的约定。家长要温和而坚定地坚持原则，说一不二，否则孩子不知道什么是规则，最终自然难以成为守规则的人，上网成瘾也就在所难免。

3.娇惯纵容孩子

有的父母对孩子娇惯纵容，舍不得让他们吃一点苦，受一点累，军训的时候偷偷地给孩子送去他们爱吃的零食，有的孩子已经 10 多岁了，还天天接送上学……对于孩子的要求可谓是有求必应，他们要什么给什么，孩子痴迷于网络也纵容不管，生怕打扰了他们的网上"学习"计划。

4.殴打辱骂或冷落孩子

有些家长因自己的孩子犯了错误，对他们又打又骂，从来不和他们沟通交流，这种情况下，一些青少年就只好在虚拟的网络世界里寻找"快乐"。反观那些亲子沟通良好的家庭，孩子即使

会打游戏，也多不会成瘾。

5.不愿让孩子成长为"为自己负责"的人

很多家长一方面要求孩子必须学习好，将来工作好等，一方面却处处把他们当幼儿一样管束与照顾，容忍不了逐渐长大的孩子不再依赖自己，一些父母常这样说"孩子不像小时候听话了，不再事事跟我汇报了"，语言中透露出不满与失落。

良好的家庭氛围是孩子健康成长的保障，反之，没有欢声笑语的家庭会将孩子推向网络世界，为了预防青少年网络成瘾，作为父母就得为孩子创造良好的家庭氛围。为了预防您的孩子网络成瘾，请及时改正您常犯的错误吧！

有些家庭由于孩子上学使家庭生活受到严重冲击，比如不看电视，不听广播，平时都处于一种临战状态。如果因为对孩子的教育问题意见不统一，家庭彼此关系紧张；家庭对孩子的满意度低，总是不满意孩子的学习成绩；孩子的做人和生存能力差，只是学习工具，许多家庭以学习的名义，什么事都不让孩子做。家长对孩子分数的过分看重，是孩子形成网瘾的根本原因。为孩子能够考上好的初中、高中、好的大学，从孩子一上幼儿园就让他只专攻三门课——数学、语文、英语，孩子没了其他爱好。有的家庭为了使孩子不受干扰，给孩子准备单独的房间，规定孩子放学后不许看电视、不许看课外书，只能在书房中学习—这种像犯人蹲禁闭一样的方式，完全忽略了孩子的心理需求，容易使孩子形成孤僻、呆板的性格。

也有的家长望子成龙心切，开始揠苗助长，不仅让孩子参加各种补习班、提高班，还要学习音乐、绘画、舞蹈、书法，这种教育不但没有培养孩子的兴趣，反而让孩子产生逆反心理，亲子关系开始不和谐起来。

家长围绕学习，以分数为唯一目标产生的错误教育方式，会使孩子失去对学习的兴趣，甚至厌恶现实世界。此时网络的出现，让孩子在虚拟世界里找到了乐趣。可以说孩子形成网瘾的原

因不在于网络本身，而是由于家长把孩子的学习气氛搞得像作战一样紧张。当孩子出了问题，家长才发现，他们的学习压力小些，户外活动多些，朋友多些，兴趣多些，是多么重要！因为这一切会把孩子的眼球从网络上吸引下来，占据他们的上网时间，而这些东西正是素质教育的内涵。

要想预防孩子上网成瘾，作为家长就不要让家庭气氛随时处于临战状态，要用兴趣活动、户外锻炼占据青少年的上网时间，从而达到预防网瘾的目的。

教养方式有利于预防网瘾

由于我国传统教育观念上的问题，中国的父母很少把孩子视为独立的个体，更多地是作为他们的私有物或附属品，从而对孩子进行明显的操纵、控制和惩罚。中国父母更倾向于按照自己的意志去培养子女，更注重严厉的管教以培养孩子的顺从、孝敬等良好的品德。在这种父母教养方式下成长的孩子，由于在现实中得不到深层次的心理安慰和爱护，就容易转向虚拟的世界去寻找进一步的自我满足。孩子上网成瘾，每个家长都有心急如焚的感受，看着孩子日渐消瘦的身体、迷茫的眼神，哪个爸妈能不心痛，能不着急，能不心碎呢？但是，着急、心碎并不能解决问题，更不能心血来潮地一味禁止孩子上网。家长如何对孩子的成瘾行为进行有效的预防，这才是关键。

有关学者通过研究表明：处于青春期的青少年，他们的独立意识逐渐增加，希望父母都能给予其更多的理解和赞赏，拥有平等互助的家庭氛围，从而在家庭现实环境中，有被尊重和成长的快乐，就会减弱去虚拟网络寻求心理满足的欲望。

为了预防孩子网络成瘾的发生，在日常生活中，父母首先要检查自己对孩子的教养方式。民主型的教养方式有利于孩子的身

心发展。采用民主型教养方式，要求父母做到以下几点：

1. 要多关心青少年的成长

父母要多与他们进行情感交流，让他们体验到爸爸妈妈的爱心、家庭的温馨。要求父母平等地对待子女，要尊重他们的人格，赋予他们一定的权利。孩子犯了错误，家长要保持冷静与理智，不要急于指责，要与孩子一起冷静地分析造成错误的原因，错误带来的后果，以及可能导致的严重危害。在孩子对错误有比较深刻认识的基础上，让他们制定改正错误的具体措施；当他们有一定进步时，应及时表扬鼓励。

民主型教养方式要求父母做到"爱而不溺，严而不厉，放而不纵，管而不死"。就是说父母对孩子要有爱心，让他们时时体验到爸妈对他们的爱，但这种爱不是无原则的溺爱。父母对孩子要严格要求，但这种严格要求是通过讲道理，自愿接受的方式实现的，而不是以粗暴严厉的打骂方式实现的。父母在许多事情上应该放手让孩子自己去做，但这不等于撒手不管，而放纵他们干一些不该做的事。父母应该时刻关注孩子，当他们的行为有偏差时，应及时指导。

父母有责任对青少年进行管教，父母管他们的目的是让他们健康成长，最终能实现自我管理。从这种意义上讲，管就是为了不管。父母在管教孩子过程中应该考虑如何培养他们的自我管理能力，最终让孩子具有独立自主的能力。

2. 家长要调整对孩子的期望值

青少年上网成瘾与父母的文化程度和期望值有很大关系。家长的文化程度越高，青少年的网络成瘾的发生率越高；父母文化程度水平在小学以下的，青少年的网络成瘾比例仅为 2.7%；父母文化程度水平在大专以上的，青少年网络成瘾比例高达 5.8%。出现这种结果的原因可能是学历高的父母往往对青少年的要求很高，如一定要考上重点高中，一定要考上好大学。这种过高的期望往往给他们增加了太多的压力，当他们无法承受这些压力时，

他们就有可能为了逃避学习的压力和过多的要求，到网络世界去寻找生活的乐趣。因此，父母对孩子的期望要恰当，要根据他们实际的能力和兴趣，不要强迫孩子什么都要争一流，不要强迫孩子干他不喜欢干的事情。

3.建立良好的家庭关系

有关学者对网络成瘾与家庭关系做了一项调查，调查结果表明：青少年是否会上网成瘾与家庭关系是否和谐、是否完整有着非常密切的关系。专家经过进一步分析指出，在单亲和随母亲重组家庭中，子女更容易患上上网成瘾症。单亲家庭出现这种情形可能是因家庭结构不完整，家庭教育力量薄弱所致。在随母亲重组的家庭中，因青少年只尊重自己的亲生父亲，对继父的关爱，感情上不易接受，而母亲在一个家庭中，往往扮演着温柔、慈善的角色，有时很容易纵容孩子。青少年缺乏管教的直接后果就是任意而为。因此，这些特点应引起父母特别是母亲的重视，对孩子的上网行为和日常生活细节应该多加观察和教导，不能放松。

4.辩证地看待孩子上网

家长要辩证地看待青少年上网，甚至自己的孩子共同上网，了解他们的感受，尽量与他们拥有共同话题。因为只有在此基础上，家长才能真诚平等地与他们沟通和交流，掌握他们的思想和心理需求，而不是对上网活动统统封杀。父母应该允许孩子上网学习，应该与孩子所在班级的班主任或其他任课老师进行沟通，知道该引导他们接触哪方面的信息和资料，并鼓励孩子通过网络这一现代化工具达到更高的学习效率。对于那些青少年的确不该去或者不能去的网页或不适合的网站，家长要有所提防，教育他们提高抵制网上不良信息的能力，对网上色情和暴力等不健康的内容要加强防范；能够经常打开电脑排除一些腐蚀"病毒"，并在适当的时间，尽量多与他们探讨网络热点问题与看法，聊聊他们对正确使用网络的兴趣与决心。由于孩子的自制力比较差，父母更要主动掌握他们玩游戏的持续时间以及聊天的内容倾向，避

免其误入歧途，努力将网络成瘾倾向扼杀在襁褓之中。

5.家长要有一定的网络知识

作为家长应该加强学习，尽可能多地了解互联网，懂得电脑的基本操作，对如何实现上网，如何查找资料，如何操作聊天工具，如何利用网络进行学习与提高有一定的了解，并且做到心中有数，最好懂得的电脑知识要比孩子丰富、扎实，以便达到能指导他们的目的。

6.监控和指导青少年上网

网络的优点在于信息更新周期相对比较短，开放程度相对比较高，有利于培养孩子的现代观念。其缺点在于，尽管网络已逐步成为教学的辅助工具，然而调查表明，68％被调查的中学教师、图书馆管理员和电脑管理员认为，计算机网络的使用对提高学生的成绩并没有起太大的作用。网上信息过于杂乱，而且与学校不太相干，无助于学生在标准化测试中取得更好的显著的成绩，而网络的使用却侵占了青少年学生大部分的学习时间，削弱了他们的学习兴趣，也不利于养成良好的学习习惯，降低了学习效率，从而又直接影响了学习成绩。因此，对于青少年上网，家长应该做到以下几点：

（1）不要将计算机安装在卧室，最好放在家里的明显位置，例如书房，提倡与家人一起上网，至少不要让孩子自己关上房门单独上网。

（2）家长应该要求孩子合理地使用计算机，科学地安排上网时间，有意识地控制他们每天上网的时间和频率，每次上网最好不超过2小时。

（3）注意使用电脑的卫生，最好每隔1个小时洗脸一次，并进行一些保健活动，这是控制青少年沉溺于网络的一个好办法。

（4）密切关注青少年的上网内容，特别注意那些成瘾性极强的网络游戏，和对他们身心健康有害的色情、暴力等不良信息的入侵，真正做到防患于未然。

（5）如果可能，和孩子一起学习上网，有时甚至可以向他们学习上网的技巧和经验，做到和他们进行网上交流。

（6）家长应引导青少年，让他们在安全的范围内上网，远离不健康的上网地点。有条件的家庭，可以购置电脑，让他们在家上网，以便更好地进行控制。千万不要让孩子到条件差、管理不规范的网吧去，如果非去不可，干脆就陪孩子同去，以控制他们的上网行为与内容。

（7）尽最和孩子建立起平等协商的民主的家庭氛围，加强和他们的沟通。

（8）鼓励孩子参加他感兴趣的除了网络游戏以外的健康活动。

（9）在计算机上安装禁止访问不良网址的软件，爸爸妈妈要与青少年共同阅读电子邮件，并预先删除那些含不良内容的邮件，青少年经常与家人或同学共同讨论网络中的趣事。

（10）密切关注孩子情绪及行为的变化，做到及早发现网瘾及早治疗。家长应该认识到：进行心理辅导与治疗，最终目的是助人自助，帮助孩子学会独立解决自己面临的问题，而不足替其解决问题。预防的关键还在于提高青少年学生的自我调适能力，加强自身修养。

家庭处于孩子患上"网瘾"线上的最前沿，作为家长，应该对孩子尽到监护责任，减少和预防孩子染上"网瘾"。

预防网瘾，学校要竖起"防火墙"

安德烈亚·马克思说："青春期的任务不仅是学习、学习、再学习，他们有太多的事要做……这关系到他们的一生。"作为青少年，大部分时间都是在学校度过的，因此预防青少年网络成瘾，学校同样肩负着重大的责任。学校应该在提供网络教育、密

切师生关系、形成良好集体、实施素质教育、减轻学生负担和丰富课余生活等方面做好工作，为广大青少年创造良好的学习环境，铲除造成他们网络成瘾的土壤。

青少年之所以会染上网瘾，最根本的原因，是因为当代中国的学校教育存有误区，学校只向教师要升学率，老师和家长只向学生要分数。学习本来是为了求知识，应该是件快乐的事，可是目前我国的应试教育使得学生为了分数而学习，致使学生求知充满了痛苦，学校也充满压力，家庭也变成了"第二学校"。原本是能力的提升却变成知识的灌输；原本培养学生成就感和树立自信心的教育，却变成了对学生一次又一次的"打击"，培养了大量的"失败者"；原本是十分快乐的童年，却变得劳累不堪。在这种情况下，一些青少年就会想方设法去逃避现实，丰富多彩而又充满诱惑的网络就成了他们逃避现实的最佳方式。如果我们不改变传统的教育方式，就不可能让青少年真正预防、戒掉网瘾。为此，学校要发挥"防火墙"的功能，将一切诱惑或危害青少年上网的不良因素屏蔽在外。那么学校应加强哪些教育开展哪些活动才能预防青少年上网成瘾呢？

1.加强网络教育力度

为提高广大中小学生的学习能力，现在许多学校都开展了计算机网络教育，纷纷建立起计算机中心，给青少年提供了网络教育与实践的机会。这本身是一件很好的事情，但要注意的是，学校在为学生提供网络使用的同时，应该对学生进行网络教育。网络教育，不光是计算机网络知识的学习和教育，还应包括网络道德教育、责任意识教育和自我保护意识教育等全方位的教育。

2.建立良好师生关系

教师作为传授知识与文化的载体，在预防青少年网络成瘾的教育过程中将起主导作用。教师要想真正起到主导作用，应注意以下几个方面：

（1）加强师生心灵沟通。良好的师生关系是预防孩子网络成

瘾的基石。青少年中，不少是由于在现实生活中没有朋友，比较孤独，当遇到困难时也无人倾诉，所以才去寻求虚拟世界中的情感寄托。如果老师平时对学生多一点关注，注重师生间思想感情的交流，让他们在整个教育教学过程中都能体会到教师对他们的关心，就能在一定程度上预防网络成瘾的发生。老师不仅应该注重学生知识的增长，更应该重视他们心灵的成长，让教育产生一种巨大的亲和力。老师应该定期与经常上网、旷课、贪睡、成绩下降的学生沟通，使学生们在现实生活中获得情感支持和满足感，这将有效预防孩子网络成瘾的社会问题的出现。

（2）帮助学生解决学习中的具体困难。有些青少年因为学习成绩下降，生活中碰到无法解决的难题就逃避到网络中去，最终染上网瘾。因此老师要准确地鉴别有可能引发网络成瘾的个体原因。有针对性地对他们进行帮助。

（3）搞好班级氛围，形成团结互助的班风。班集体是学生共同学习生活的大家庭，也是影响他们健康成长的重要因素。良好的班级氛围，团结互助的同学关系，有助于形成良好的学风，有效促进学生的人际关系，也能使学生的问题在萌芽阶段就能在集体与同学的帮助下得到及时解决。

当然，在这个过程中，最重要的就是老师要对学生充满爱心，使孩子感受到老师真心实意的帮助。帮助也应该讲究方法。每个青少年都是一个独特的个体，都有自己的人格特点，一个好老师应该了解自己的学生，善于寻找最适合的教育方法。

老师应该鼓励学生积极参加各种有益身心健康的学校或社会活动，多与人交往，多结交一些生活中的朋友，在交往过程中体会人与人的温暖。老师要鼓励学生多与家长沟通，及时了解父母对自己的看法，也让父母了解自己的真实想法，通过互动增强亲情。如果他们因为现实生活中在人际关系上有问题，缺少友谊，有孤独感，而通过上网可以弥补现实生活中的不足。对于这些学生，老师应该帮助孩子寻找造成人际关系不良的原因，同时应该

给予人际交往技巧方面的指导，促进孩子在现实生活中人际关系的改善。

（4）提高学校的教育质量，丰富教学内容和方法，让学生对学习产生兴趣，进行愉快教学。

（5）组织专门的老师建立心理咨询室，帮助学生解决在学习、生活中遇到的诸多问题，做到对危机的提前干预。

（6）引导学生健康上网，并教会他们正确上网方法，在网上建立和学校一样的虚拟社区。形成网上的联络网络，形成互相影响互相监督的机制。尽早发现那些网络成瘾的学生，做到早发现、早治疗。

3.实施素质教育

尽管广大家长及师生现在都呼吁素质教育，但素质教育在我国的实施情况很不理想。一些学校，教学形式单一，枯燥乏味，题海战术使学生不堪重负，应试教育的特征非常明显。家长、教师对学生过高的期望，使学生压力过重，这些都不利于学生健康成长。孩子网络成瘾，很大程度上与我们的应试教育的缺陷有关，实施素质教育是预防网络成瘾最有效的措施。如何加强素质教育呢？主要从心理素质、专业素质、综合素质这三方面入手：

（1）心理素质。心理素质是这三种素质中最为重要的成分，其内涵主要包括思辨能力、自控能力及自我平衡能力。

培养青少年的思辨能力，就是要他们学会理解并运用以哲学为基础的各种科学理念，去正确地认识世界，同时剖析自己。此外，还要用这种科学的理论去指导自己的实际生活、学习。在日常学习和生活中，分清什么是对的，什么是错的。知道哪些事情应该做，如遵守学校规章制度、努力学习、尊重父母、孝敬老人等；哪些事情不应该做，如荒废学业、打骂父母、违法犯罪等；哪些事情是可做可不做的，如上网聊天、玩网络游戏、吃零食等。心理素质对青少年的发展起着至关重要的作用，它关系着一个人是否能够成人、成才。良好的思辨能力、自控能力和自我平

衡能力，是提高青少年专业素质、综合素质的关键因素。所以，教育的中心点应该是培养和提高学生的心理素质，一切教学活动都必须围绕这个中心，而不应该是其他。

（2）专业素质。专业素质主要是指精湛的专业知识、较强的实践能力以及深厚的基础知识和广泛的技能技巧。

无论是在一般的基础知识，还是在专业的理论知识的学习过程中，教育者要注意随时教导孩子要"学以致用"，将所学应用到生活中。知而不识，不称其为知识。让广大学生知道并不等于理解，理解并不等于会应用，不能将自己所学的知识更好地加以应用，即使掌握再多的知识也是没有用的。那只是华而不实，纸上谈兵、流于空谈，不能算是具有良好的专业素质。所以，一定要注重实践，这才是检验一个人是否真正学有所获、学有所长，是否能解决实际问题的唯一标准。加强青少年的专业素质，必须是把基础知识、专业理论和相应的实践能力结合起来，才能称之为真才实学，才能够在面对具体问题时，迎刃而解。如果老师和家长能帮助学生从小就做到以上几点，那孩子的成才必然会水到渠成。

（3）综合素质。综合素质主要是指人的独立生存能力、环境适应能力、发现创新能力、团队合作精神、生理健康状态，以及在体育、美术、音乐、舞蹈、语言等方面的特长。青少年必须打好多方面的基础，从小培养自己的爱好、专长及广泛的兴趣，从而才能读懂人生、丰富人生、创造美好人生，这样就不会上网成瘾，而会全面地快乐成长。

加强和推广青少年素质教育是全方位的，它并不是针对教育的某一个环节单纯地教育。推展整体素质教育应该贯穿教育的全部，即家庭教育、社会教育、学校教育和自我教育这四个环节上，每一个环节的素质教育都不能忽略，都要以培养和提高青少年的素质，特别是心理素质为主要目的。因此，整体素质教育也可称为育人教育、做人教育，或成才教育、成功教育。个人的素

质提高了，不但可以成功，而且可以百毒不侵，更不用说网瘾了。

学校应该努力开展丰富多彩的课外活动，积极在网上建立主流文化阵地。通过多种形式的课外活动，吸引学生广泛参加，引导广大青少年将课余时间投入到现实生活中有意义的活动中去，多接触现实世界，多与人沟通和交流。这将有效地避免青少年学生的寂寞感、空虚感和孤独感，有助于预防青少年网络成瘾。

此外，学校还应该团结社区、家庭共同建立起一条预防网络成瘾的警戒线，使得三者形成一股强大的力量，这样才能更有效地预防青少年网络成瘾。

预防网瘾，社会也要撑起"保护伞"

德国剧作家歌德说："人不能孤独地生活，他需要社会。"社会是导致青少年网络成瘾的原因之一，因此从社会的角度预防青少年网络成瘾已势在必行。青少年上网成瘾已成为一个社会关注的问题，作为一个社会问题，需要个人、家庭、学校乃至社会引起重视，并调动各种力量，从各个方面建立起预防机制，时时撑起"保护伞"才能起到良好的预防效果，这样才能将青少年网络成瘾有效地控制在萌芽状态。

作为学校、家庭和社会来说，首先应该从社会的大环境上切实保护青少年的活动空间，让网吧远离学校。社会预防青少年网络成瘾需做到以下几方面：

1. 预防网瘾需要全社会的参与

立法诚然是约束网络糟粕泛滥的有效方法，但营造学校、家庭、社会一体化的教育机制才能更有效预防网络成瘾。有专家指出，诱发"网瘾"主要有三种因素：不健康的、压力过大的成长环境；得不到别人承认的失落感；人际关系不好。这些因素都会

导致青少年通过上网逃避现实，寻求精神寄托。网瘾问题的背后很大程度上反映了教育特别是家庭教育的问题。

2.加强防范意识，改善教育方法

对已沉迷于网络的青少年，社会应对其采取灵活的教育策略，在予以充分理解和了解的基础上实施教育。信任而平等地与其沟通交流，在他们认识到痴迷于网络对自己造成的巨大危害后，再去和他们探讨如何预防网瘾的问题。

3.加强网络立法，抑制网络糟粕

网络是一把"双刃剑"，网络在为青少年带来信息开放的同时，又向我们警示：倘若置网络糟粕的泛滥于不顾，必将对青少年健康构成危害；但若因噎废食，禁止青少年上网，亦会对信息的流通构成人为的阻滞。制度的明确和稳定，最有效的途径是通过立法的形式加以明确规定，使网络营运做到有法可依，这也是防治青少年沉迷于网络的根本途径。

4.切实加强网吧管理工作

把"禁止未成年人上网"落实到实处，还可以利用网络这个平台，办一些心理咨询网站，利用聊天室的功能开展群体交流和咨询。政府要坚决打击网络犯罪，对于那些非法建立色情网站，向青少年传播色情等不良信息，以及对那些利用网络聊天工具对青少年实施网络诱骗和攻击的人，坚决予以打击。据研究，在网吧上网的青少年网络成瘾现象比较严重。对"黑网吧"、"地下网吧"，要采取强有力的管理措施。社会有关职能部门要加强对网络的信息监控和信息过滤。在新形势下要大力加强网络思想政治工作，建立网上思想政治教育基地，弘扬积极向上的网络文化。通过伦理、道理手段约束网络行为是当务之急，要对网络电影、游戏网站等加大管理力度，引导其加强伦理和文化建设，形成正确的经营理念，严格限制开放时段，为青少年提供一个良好健康的网络环境。

5.重视社会舆论导向

网络成瘾的青少年大部分都沉迷于网络游戏中，因此现在有很多网络游戏的内容就是冲着让玩家上瘾来制作的，真正想为青少年做一些实事的人，应该利用社会舆论的正确导向作用，给网络公司施加更大的压力，逼迫他们对于自己的产品进行修正。只有社会舆论的导向正确，网络游戏公司才会不得不严于律己。

6.技术预防

预防青少年上网成瘾的有效手段之一是利用先进的技术手段来干预他们上网。技术预防要做到对网络不良信息的堵截，对色情、暴力等不健康网站的封堵等。

7.用法律维护青少年合法权益

法律虽然不能全部制止丑恶事件的发生，但是毕竟可以在很大程度上遏制罪恶事件的蔓延，因此要鼓励那些由于玩网络游戏成瘾、导致身心遭受摧残事件的青少年受害者，拿起法律武器保护自己的合法权益。

8.加强荣辱观教育，推动网络文明建设

中央文明办、共青团中央、国家新闻出版总署、信息产业部、文化部等部门出台10项举措，力求有效预防和戒除青少年网瘾，争取把网瘾少年变为"网络创新人才"。一是深化研究，强化引导，寻找变"网瘾少年"为"网创人才"的成长规律；二是精心编撰，精心制作，努力把优秀的专题图书和主题影视作品奉献给青少年；三是不断推进志愿者巡讲和网络志愿服务活动；四是深入开展以素质教育为核心的重点行动；五是切实开展为青少年喜闻乐见的网络文化活动，适时举办中国青少年网络文化节；六是大力开发和积极推荐一批适合未成年人的绿色网络游戏；七是充分运用技术手段帮助青少年预防和戒除网瘾，消除不良信息对他们的侵害；八是推动成立网瘾研究救治基地和网络创新实践基地，促进青少年人格健康发展；九是积极倡导建立青少年玩家组织联盟，主动引领青少年健康的网络娱乐方向；十是及时建立不良网络行为举报和处理中心。

在西安城东有这样一个老人，他今年已 77 岁，但义务检查网吧已有 7 年，足迹遍布全市。为劝说网吧里的未成年人不再沉迷，老人甚至累病，但他却说"病好了我还会去检查。"这位老人叫药明信，自 2001 年发现 14 岁孙子勤勤经常晚上出门上网，学习成绩直线下降，为让勤勤远离网吧，他走遍了城东的所有网吧，最终他的执著让勤勤醒悟。2004 年，药明信被聘为"陕西省网吧义务监督员"，从此便开始义务检查网吧。2005 年至今，药明信先后帮助 10 名沉迷网吧的青少年戒除了网瘾。

老人的付出让人感动，在网瘾日益严峻的今天，这种精神是多么的难能可贵。近年来，网瘾青少年数量逐年增加，比如，湖南春雷青少年特训学校曾做过一次全国性的调查，调查发现，网瘾青少年数量正以两位数以上的高位增加。从入校人数看，自 2005 年以来，所接受的网瘾青少年学员逐年增多。

从某种程度上说，网游的高速发展，相应带动了网瘾青少年数量的增长。然而，面对网瘾，我们依然束手无策，多数家长仍旧选择堵或强制的措施，在家庭教育上，或因工作或因其他原因，忽视孩子心理需要的现象普遍存在。尽管媒体、专家一再呼吁加强学校教育、家庭教育环节，实现社会、学校、家庭齐心协力根治网瘾的图景。

现实却是，网游行业增幅明显，网吧生意兴隆，尽管各种文件要求禁止未成年人进入网吧，但还是有不少网吧接纳未成年人，此外，黑网吧层出不穷，使得网瘾滋生的土壤始终得不到根除。对此，资深青少年教育专家、湖南春雷青少年特训学校校长胡奇辉表示，要实现戒网瘾的目标，需要全社会的共同付出。药明信老人七年时间义务检查网吧，一定程度上遏制了网吧非法经营行为，也可起到劝诫青少年的作用。但是，光有药明信一人的努力显然还不够，这一方面需要监管部门切实履行监督职责，另一方面需要网吧经营者自觉提高经营素质。此外，学校、家庭更应该采取有效措施，将青少年的注意力及时转移，通过富有趣味

性的知识教育或感情呵护，让青少年们能在精神上得到抚慰，在生活上得到切实照顾。

由此，我们期待，以药明信老人七年义务检查网吧为契机，加大全社会共同应对网瘾的力度，彻底根治网瘾这颗毒瘤。

预防网瘾，要加强网络素质教育

预防青少年上网成瘾，要加强网络素质教育，以此来拒绝网络诱惑。具体可从以下几方面做起：

1. 具体情况具体分析

青少年网络素质的培养要全方位展开，不能完全否定某一个方面，如利用网络进行休闲娱乐应该被视为一个人网络素质的一部分，学校教育者和父母应该鼓励青少年利用网络媒体进行适当的娱乐和休闲，鼓励他们使用网络的各种功能，就一些复杂软件的用法进行培训，应当让他们明确当今社会对人的媒体素质的要求在不断提高，使他们具有加强自己媒体素质的动力。

2. 减少知沟

许多研究成果表明，中国青少年在使用网络方面，因其性质不同、年龄不同、学校所存地不同而存在不同程度的知沟。可以想象，由于各地经济文化与社会发展水平不同，中国各地青少年的媒体素质存在很大差异。显然，经济发达地区与文化中心区的青少年处于较为有利的网络环境中，而那些位于经济发展缓慢地区的青少年所处的媒体环境包括网络环境较差。互联网的运行状况，会在很大程度上影响青少年的媒体素质。因此，国家应该更加关注这些地区的青少年的网络环境，尽量减少因为网络发展不平衡带来的差距。

3. 促进青少年自我社会化

互联网促进了青少年自我社会化，主要体现在青少年掌握网

络技术的过程中，采用自学方法通过边玩边学自然地掌握了网络技术，这一过程中青少年之间也会互帮互学。这种社会化过程因为没有教育者的外在影响而让教育专家与家长充满疑虑。他们担心会因为这种过程而使青少年产生网络成瘾现象。因此学校教育者和父母采取各种措施，以避免青少年使用网络媒体时间过长。一些家长表示，只有当他们的孩子需要学习电脑与网络时，才考虑为他们购买电脑。这就推迟了一部分青少年接触媒体的时间，延缓了他们掌握新媒体，从而促进了知沟的继续存在甚至扩大。青少年应该有权利使用媒体来娱乐和消遣，他们应该得到自学成才的机会，因此，教育者和家长提倡让青少年通过边玩边学的方式掌握网络技术。同时，教师和家长应该采取必要的教育措施，有意识地培养青少年的自我反思、自我控制和自我监督的能力。当然，老师和家长也要通过学习掌握获得媒体的专业知识培养。

　　同时，学校和家长应特别注意过分使用网络的青少年，他们在对网络某些方面的利用上表现出很高的素质，他们的问题是对媒体没有分析与辨别能力。他们不能完全做到主动地远离一些娱乐性、享受性、游戏性太强的网络内容。所以，对这一类型的青少年的教育目标应该是培养他们清晰的分辨能力，清醒地认识自己网络行为的反思能力以及主动驾驭自己网络行为的自控能力。为了培养青少年的这些能力，应该与他们讨论使用网络的目的以及过度使用网络的危害。要预防青少年走向网瘾，就要加强他们对如何预防网瘾的知识培养。预防和治疗网瘾的知识对所有的青少年都有效，所有生活在网络时代的青少年都需要这方面的知识，都应该了解过度使用网络的危害，并能够积极预防网瘾。